昔の教科書とはこれだけ変わった!

日本史の新常識

歴史ミステリー研究会編

彩図社

はじめに

歴史は、ときに権力者によって意図的に捏造されたり、美化されることがある。

また、優れた創作がいつの間にか本当にあったことのように語られ、独り歩きし始めることもある。

人がつくりだすものである以上、歴史の成立に特定の意志や思いがけない偶然が入り込む余地があることは否めないだろう。


しかし、近年の研究や新たな資料の発見によって、これまで史実として歴史教科書に書かれていたことが、正確ではなかったことがわかってきている。

「常識」とされてきたことが、覆されているのだ。

そこで本書では、**「新常識」**を核にした日本史を、どこから読んでもよくわかるように編纂した。

そんな新しい歴史をいくつか紹介してみよう。

たとえば、かつて弥生時代から始まったといわれていた水稲農耕は、近年になって縄文時代から行われていたことがわかった。

また江戸時代、日本は「鎖国」をしていなかったし、突然だったはずのペリーの来航も実際はじゅうぶん予期できるものだった。のちの時代の流れを変えるような事件についても「新常識」が生まれているのだ。

人物に関しても同じだ。聖徳太子は超人ではなく官僚のひとりだったし、〝怪僧〟といわれた道教も野心に満ちた僧侶だったとは言い切れない。私欲にまみれていた人物といわれていた日野富子は本当は有能な政治家だったなど、これまで語られてきた人物評価がガラリと変わってきている。


かつてどのような「常識」があり、どのように変化したかについては冒頭で簡単にまとめた。その多様さや変化の大きさは、まさに時代を経るごとに「常識」も変遷しているといっていいだろう。

本書で、**「生きた日本史」**の面白さを肌で感じてもらえれば幸いである。

令和2年3月

歴史ミステリー研究会

もくじ

1章　古代日本の新常識

2章　貴族の時代の新常識

3章　武士の時代の新常識

4章　戦国時代の新常識

5章　江戸時代の新常識

6章　幕末・近代日本の新常識

1章　古代日本の新常識

古い常識

縄文時代は1万2000年前に始まった

新常識

縄文時代は1万6500年前に始まった

土器でわかる縄文人の生活

現在、中学校で使われている歴史教科書は何点かあるが、そのうちのひとつである『新編 新しい社会 歴史』（東京書籍・2017年発行）は、「日本列島の人々は、1万2000年ほど前から土器を作り始めました」と記載し、これをもって縄文時代の始まりとしている。

ところが、ひょっとすると、数年ののちにはこの記述は書き換えられるかもしれない。

1998年に出土した縄文式土器を放射性炭素年代測定にかけてみたところ、その土器が**1万6500年前**のものだったという数値が出たのだ。そのため、縄文時代の始まりは**それまで考えられていたよりも約4500年も早かった可能性が出てきた**のである。

ナウマンゾウの骨格（写真提供：時事）

そもそも日本にヒトが居住を始めたのは、今から約3万7000年前の旧石器時代だ。

その頃の地球といえば氷河期の真っただ中で、海面は今より140～150メートルほど低くなることもあった。

海面が下がると大陸と日本列島は地続きになる。そこをナウマンゾウやオオツノジカなどを捕獲するために追ってきた人々が移動してきた。彼らこそ、**最初に日本列島に居住したヒト**なのだ。

だが何万年も続いた狩猟生活は、急激な気候の変化によって一変する。氷河期が終わって**列島全体が温暖化**したのだ。すると森林は針葉樹一辺倒から落葉樹が増え、海面は上昇し、海産物が人々にとって身近なものになった。

森の環境の変化に適応できなかった大型獣の数は減り、狩りはもっぱらイノシシやウサギなどの中型

縄文土器の一種・深鉢型土器

から小型の動物が中心になる。
それまで獲物を追い求めて移動を続けていたヒトの生活は、少しずつ一定の土地に暮らす時間が増えるようになり、**半定住生活**になっていった。
そして、縄文時代とそれ以前の旧石器時代を分ける象徴的なものである「土器」が出現した。この頃につくられた土器には縄目の文様が入ったものが多かったため、「縄文土器」と呼ばれた。そして、のちにこの時代のことを**「縄文時代」**と呼ぶようになったのだ。

炭素が語る縄文時代の始まり

縄文時代の始まりがいつなのかについては、専門家の間でさまざまな見解が示されてきた。

たとえば、１９４０年代には関東ローム層から発見された土器を手がかりに７０００〜８０００年前と推測されていたが、その後、１万年前に始まったとされている。

そして60年代になって**放射性炭素年代測定**が導入されると、土器の出現は１万２０００年前までさかのぼる可能性があると学会で報告されたのだ。

炭素は動物や植物が生きている間、呼吸をしながら空気中から取り込んでいる物質だ。炭素には炭素12、炭素13、炭素14の3つがあるのだが、このうち炭素14だけは動物が死んだり、植物が枯れたりして、空気中から炭素が取り込めなくなると放射線を出しながら一定の速度で窒素14に変化する。

その性質を利用して、発見された木炭などにどれだけの濃度の炭素14が残っているかを測定することで、何年前の樹木かがわかるというわけだ。

この放射性炭素年代測定によって示されたデータは、日本の考古学会に衝撃を与えたという。なにしろ、**縄文時代の始まりは今から1万6500年前**ということを示す数字だったのだ。

とはいえ、このデータは一部の研究グループが発表したもので、まだまだ専門家の間で論争が繰り広げられている。

これまでも考古学の研究が進むたびに教科書は書き換えられてきた。縄文時代の始まりが1万2000年前という認識は、もしかすると数年後に「古い」と言われるようになるかもしれない。

加速器年代測定システム（写真提供：朝日新聞社）

古い常識

日本で稲作栽培が始まったのは弥生時代から

新常識

稲作は縄文時代から行われていた

縄文人は豊かな生活を送っていた

縄文時代と弥生時代を区分するものといえば**「イネ」**と「鉄」だ。

朝鮮半島から渡来人によって水稲農耕や青銅器・鉄器などの金属の道具がもたらされたことで、人々の生活はガラリと変わり、時代は縄文から弥生に移行する。

金属が使われるようになったことや、農耕を主とした生産社会になったという点で、弥生時代は縄文時代よりも進んだ豊かな社会になったと認識されてきた。

しかし、それは裏を返せば、動物や森の木の実などを求めて移動する生活を送ってきた縄文時代が原始的な社会だったと理解されていたということでもある。

古代日本で栽培されていた温帯ジャポニカ（©Green and licensed for reuse under Creative Commons Licence）

「同時期に地球上にはメソポタミア文明やエジプト文明などの四大文明が出現していたのに、それに比べて日本はなんと遅れていたことか……」と嘆く声が聞かれることもあった。

ところが、最新の研究によって、縄文時代はけっして未開ではなかったことが明らかになってきている。

というより、むしろ自然と共存しながら**四大文明に劣らぬ豊かな社会生活を送っていた**ことがわかってきたのだ。

定住して食糧を貯蔵していた縄文人

少し前まで縄文時代のイメージというと、「原始的」とか「野蛮」などという言葉で表現されることが多かった。

狩猟採取生活で動物や魚、森の木の実などを求めて移動しながら暮らしていたというところから、木の棒に先のとがった石をくりつけて動物を追い回すような、マンガに描かれるような生活ぶりを想像する人もいるのではないだろうか。

縄文集落の遺跡から、縄文人は定住していたと考えられる。（鹿児島県・上野原遺跡）（京橋治/PIXTA）

しかし、日本の各地で発掘された縄文遺跡をつぶさに調査したところ、縄文人は**ムラを形成して定住していた**ことがわかってきたのだ。

50軒以上の竪穴式住居が並び、建て替えが行われていた形跡もあった。

これはけっして食糧を求めてひたすら移動を繰り返していたわけではなかったということだ。

森が実りの季節を迎えると、木の実を採って土器で煮てアクを抜き、それを加工・貯蔵して食糧が少なくなる冬に備えていたこともわかっている。

また、青森県では世界最古級の土器の調理器具も発見されていて、それを使って加熱調理をしていたと考えられている。

さらに、調査を重ねるにしたがって、一部の地域では稲の栽培もすでに行われていたことが判明している。

弥生文化の象徴である稲作が、じつは縄文時代にすでに行われていたのだ。

その裏づけとなったのが、約6000年前の地層から発見された**「プラントオパール」**だ。

これはイネ科植物の葉の細胞成分なのだが、このプラントオパールが弥生時代以前の地層から続々と検出されているのだ。

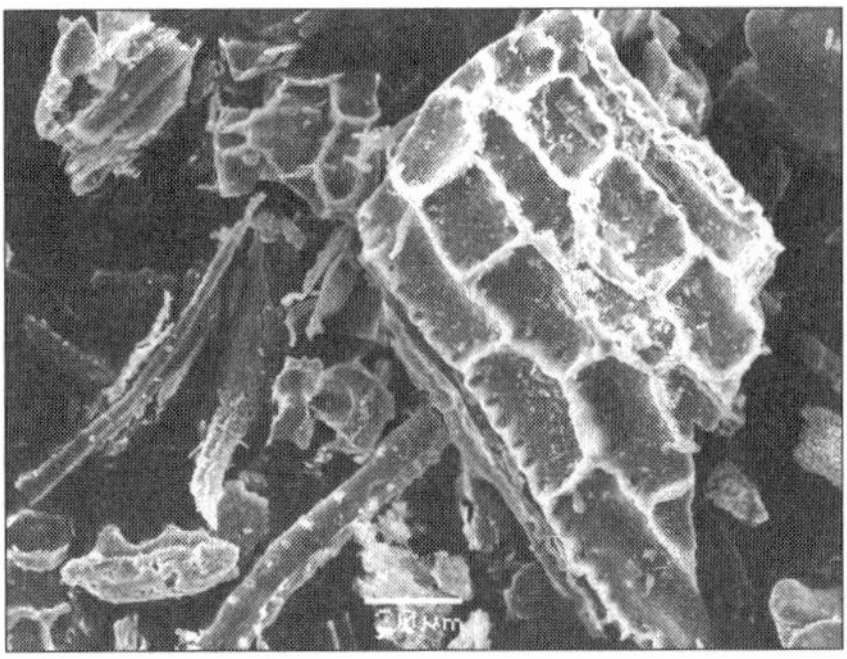
プラントオパールの細胞（©Benjamin Gadet and licensed for reuse under Creative Commons Licence）

6000年前の地層から発見されたプラントオパール

今から6000年前といえば、時代区分としては縄文時代中期にあたる。

考古学会には、弥生時代の始まりが従来の紀元前5世紀から紀元前10世紀にさかのぼるという説がある。

しかし、もし弥生時代のスタートが500年早まったとしても、**弥生時代が始まる3000年前にはすでに日本列島で米がつくられていた**ということになるのだ。

最初に岡山県の朝寝鼻《あさねばな》貝塚からプラントオパールが6000

年前の地層から見つかった時には、あまりにも微量だったため、大陸から風に乗って飛んできただけなのではないかとさほど話題にもならなかった。

しかし、2005年になって同じ岡山県の彦崎《ひこざき》貝塚の6000年前の地層から大量のプラントオパールが見つかると、今までの「稲は弥生時代に大陸から伝来した」という定説が崩れるのではと騒ぎになった。なにしろ、その数は土壌1グラム中に2000～3000というまとまったものだったからだ。

また、熊本県の大矢遺跡からは稲モミの圧痕がついた縄文土器が出土している。この土器は約5000～4500年前の縄文時代中期のもので、稲モミの痕がついていたものとしては今のところこれが最古だ。

さらに、九州の北・中部地方で出土した縄文時代後期の土器の中には玄米などに湧く害虫であるコクゾウムシの痕がついたものも見つかっている。これは、粘土をこねて土器を成形している時代にコクゾウムシがたしかにいたということを物語っている。

これらのことからわかるのは、稲は大陸から伝来する前から日本にあったのか、それとも縄文時代の半ばにはすでに大陸から持ち込まれていたのか。仮にそうであるなら、現在「縄文時代」として区分されている時代にすでに弥生文化がスタートしていたともいえる。

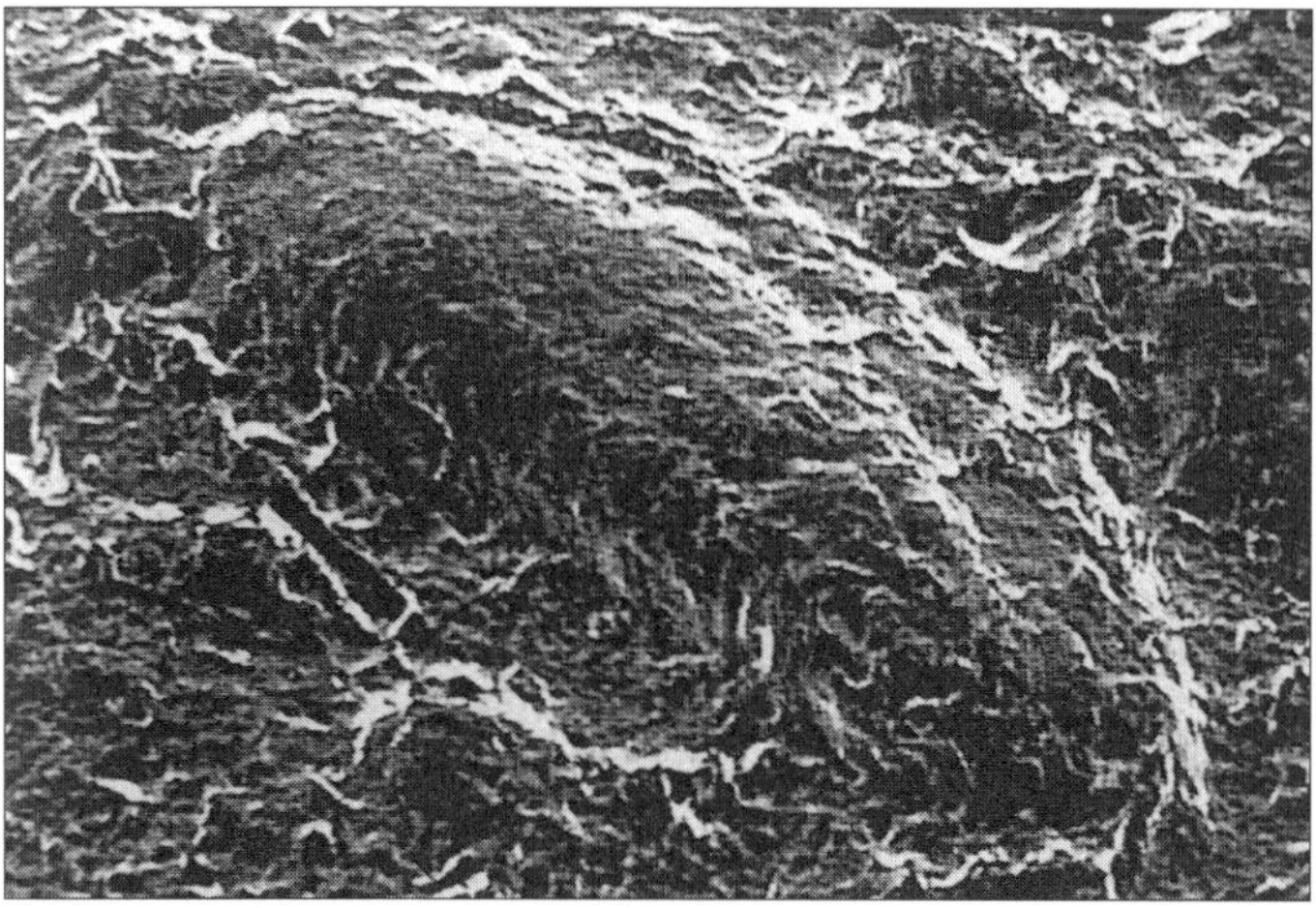
熊本県の大矢遺跡から出土した縄文時代中期の土器についていた稲モミの圧痕
（写真提供：時事）

今後も新発見がある？

とはいえ、米が人々の主食になるほど栽培されていたわけではないだろう。

縄文時代に米がつくられていた場所も西日本の一部だったのではないかとみられていて、稲作が弥生時代の象徴であることには違いない。

湿地で稲を育てる技術でコメを大量に収穫できるようになったことで、狩猟採取中心だった生活が栽培生活に大きく変化し、新たな文化が発達したことには変わりないからだ。

まだ文字がなく、記録を残すすべのなかった縄文時代や弥生時代の歴史については、まだまだわからないことも多い。だからこそ、今後もまた**定説を覆す新発見**がある可能性があり、どんな風景が見えてくるのかは楽しみである。

古い常識

弥生人は縄文人と争って勝利し日本から縄文人を駆逐した

新常識

縄文人と渡来人は時間をかけて融合していった

縄文人と弥生人は争っていた？

これまでの歴史教科書では、「弥生時代にイネと鉄が大陸から日本列島に伝わって始まった」というのが定説だ。

大陸から水稲農耕の技術がもたらされ、イネが栽培されるようになった時期を境に、日本の時代区分は縄文時代から弥生時代に移行した、とされている。

水稲農耕の技術を伝えたのは、大陸や朝鮮半島からやってきた**「渡来人」**と呼ばれる人々だ。彼らはそのまま日本に定住し、弥生文化をつくったとされる。

渡来人については、それまで日本列島で暮らしていた先住民（縄文人）とは見た目が異なっ

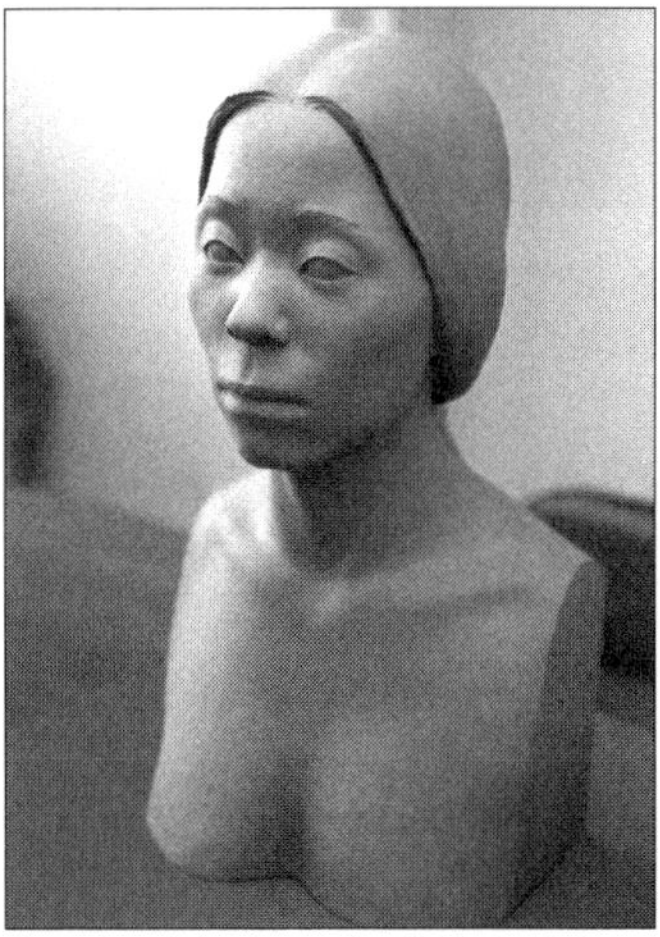

復元された縄文人の顔（右）と弥生人女性の顔（左）（写真提供：右：朝日新聞社／左：時事）

ていたことも知られている。

眉やヒゲが濃く、エラが張り、二重瞼が特徴的ないわゆる〝濃い〟顔の縄文人とは対照的に、渡来人は眉も目も細く、一重瞼の平坦な顔が特徴だ。平均身長も渡来人のほうが数センチメートル高かった。

佐賀県にある吉野ヶ里遺跡や、山口県の土井ヶ浜遺跡では、埋葬された人骨が出土しているのだが、それらはいずれも弥生人の身体的特徴を持つものだった。

また、現代の日本人にもどちらかというと弥生人顔に近い人が多いのも事実だ。

そのため、弥生人とはすなわち渡来人であり、**縄文人はあとからやってきた渡来人によって列島から駆逐されたのではないか**という説が有力視されてきた。

渡来人は侵略者だったのか

というのも、福岡県飯塚市のスダレ遺跡では、石でつくった剣が首や胸椎に刺さっている遺体の骨が何体も発見されているからだ。また、佐賀県の吉野ヶ里遺跡でも首のない人骨や、腹に10本もの矢が刺さった人骨が見つかっている。

このような衝撃的な発見から、狩猟生活が中心だった縄文時代は争いのない平等な社会だったが、作物を育てて収穫するようになった弥生時代には集団ごとの貧富の差が生まれたことなどで、人々が争うようになったというのが定説になった。

一部には、渡来人はまるで大航海時代に新しい土地を〝発見〟して先住民社会を崩壊させた、**侵略者のような存在だったとみる向きもある**。

ところが近年、放射性炭素年代測定によって、縄文時代の始まりが4500万年さかのぼるという結果が出た（10ページ参照）と同時に、これまで紀元前5年頃とされていた弥生時代の始まりも500年繰り上げられることになりそうなのだ。

そうなると弥生時代の始まりは紀元前10世紀頃ということになる。これまでの**「渡来人は大陸で激しさを増していた戦争による混乱から逃げて移動してきた」という定説もくつがえってしまう**。

弥生時代の始まりを調べる放射性炭素年代測定に使われた土器（写真提供：朝日新聞社）

紀元前5世紀頃の中国というと、周が東西に分裂して魏、韓、趙の三国が生まれ、戦国時代へと突入していく、中国史のなかでも最も混とんとした時代だ。春秋戦国時代と呼ばれるこの500年間は、戦いに明け暮れていたといってもいい。

そんな戦禍が続く中国では、沿岸部の地域で東の海のかなたに不老不死の国があるという思想が広まっていった。

そのユートピアをめざして海へ漕ぎだし、日本列島にたどり着いた人々が渡来人だったとされてきた。この定説が壊れてしまうのだ。

ゆっくりと融合していった縄文人と渡来人

そして、大挙して押し寄せた渡来人が日本列島から縄文人を追い払ったという説も違っていることがわかってきた。

列島最古の水田は現在の福岡県にある早良《さわら》平野や福岡平野にあり、海に近い川の下流の湿地帯にいくつかの遺跡が残っている。

そこでは「黒川式土器」という縄文時代晩期前半の土器とともに朝鮮半島の土器も見つかっていて、**縄文人と渡来人が同じ土地に暮らしていた**と考えられるのだ。

また、同じ川の中流では農耕生活が営まれていた跡も残っている。縄文人は山間部で今までどおりの狩猟と農耕を行っていたのだ。

これらのことから、渡来人と共存しながら新しい弥生式の生活を取り入れたグループと、**縄文式の生活を続けたグループが住み分けされていた**ことがわかる。

遺跡に残る戦いの痕跡

また、渡来人は一気に押し寄せたのではなく、年に数家族ずつ小さな舟に乗って現れて、徐々に増えていったのではないかとも見られている。

縄文時代のままの生活を続けていた人々が水田での稲作を始めたのは、最初に水稲農耕が伝わってから数百年が経ってからと推測される。日本列島が〝弥生化〟するには、今まで考えら

吉野ヶ里遺跡には、外部からの敵を防ぐための外堀がつくられた跡がある。(©小池隆)

れていたよりもかなり時間がかかっていたのだ。

つまり、朝鮮半島から最初にやってきた渡来人と縄文人とは、ある地域では別々に暮らし、またある地域では共同で米をつくり、**ゆっくりと融合していったのだと考えられる**。

吉野ヶ里遺跡が集落のまわりに堀をめぐらした城のような造りだったことからも、争いがあったことはうかがえるが、遺跡に残るような争いが起きるようになったのは、さらに時代が進んでムラやクニといった集団が形成されてからのことであったと考えられる。

弥生時代の始まりを紀元前10世紀とする主張に対しては、まだ反対意見もあるものの、最近では受け入れられつつあるという。

そう遠くない将来に教科書が書き換えられる可能性もあるのだ。

古い常識

卑弥呼は邪馬台国の王だった

新常識

卑弥呼は「邪馬台国連合」の王だった

30あまりの国から擁立された女王

中国の晋代の官僚だった陳寿が記した『三国志』の「魏書」には、「東夷伝倭人条」という項目があり、そこに卑弥呼の登場から死までのことが記されている。

一般に『魏志倭人伝』と呼ばれているこの記録によると、卑弥呼が歴史の舞台に登場するのは西暦200年頃のことだ。

その少し前の190年頃、東アジア地域は異常気象に襲われ、大陸では干ばつが起こってイナゴが大量に発生し、百姓が飢え、長安では人食いがあったとある。

倭国でも人々が餓えて疫病が広がり、多数の死者も出たという。

当時の倭国は100を超える小さな国家の集まりで、もともと男の王がいた。しかし、長きにわたって内戦状態にあったうえに天災に見舞われたことから、国を治めることができなくなっていた。

人々は王を変えることで危機的状況を乗り越えようとした。そこで白羽の矢が立ったのが、邪馬台国の女王である**卑弥呼**だった。

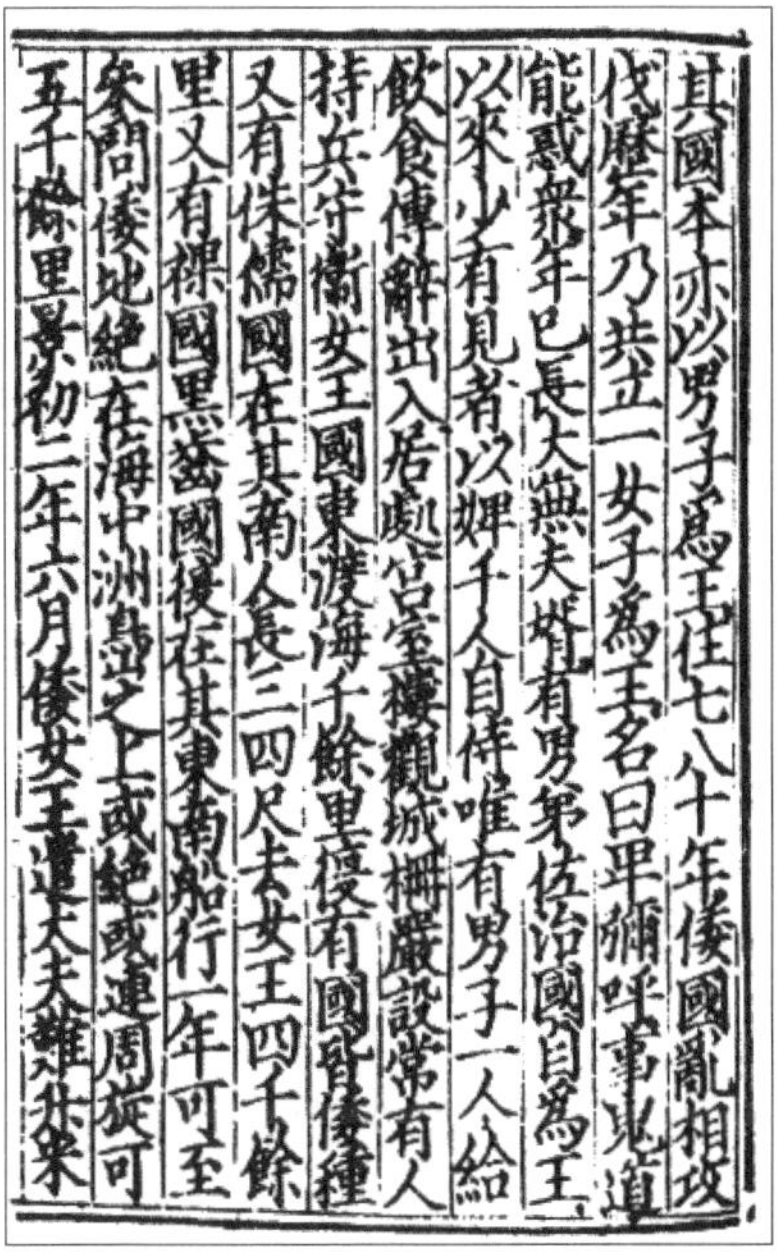
其國本亦以男子為王住七八十年倭國亂相攻
伐歴年乃共立一女子為王名曰卑彌呼事鬼道
能惑衆年已長大無夫壻有男弟佐治國自為王
以來少有見者以婢千人自侍唯有男子一人給
飲食傳辭出入居處宮室樓觀城柵嚴設常有人
持兵守衛女王國東渡海千餘里復有國皆倭種
又有侏儒國在其南人長三四尺去女王四千餘
里又有裸國黒齒國復在其東南船行一年可至
參問倭地絶在海中洲島之上或絶或連周旋可
五千餘里景初二年六月倭女王遣大夫難升米

「魏書」の卑弥呼に言及した部分

卑弥呼は「邪馬台国の女王」と説明されることが多く、邪馬台国という一国の支配者というイメージが強い。たしかに、もとは一国の女王だったが、**小さな国々を束ね、混乱を収めた王**として卑弥呼は歴史の舞台に登場している。

『魏志倭人伝』にも、斯馬国や己百支国、伊邪国、都支国、弥奴国、好古都国、不呼国、姐奴国、奴国といったクニの名を上げて、「これ女王の境界線の尽くるところなり」と記載されている。

そのため、最近では**「邪馬台国連合の王」**

ととらえられている。

その卑弥呼には特殊な力があったという。「鬼神をまつることをなりわいとし、人々を惑わせる能力があった」と記載されているのだ。

その能力が必要とされたのか、現在の九州から西日本にあった30あまりの国が卑弥呼を擁立して、連合的な国家組織をつくった。そして、卑弥呼が国家を束ねる王になると、それまでの激しい内乱はおさまり、国は安定したという。『魏志倭人伝』の中でも、卑弥呼が連合国家の王となって政治的な活動に乗り出すと称号が変わっている。

２３８年に卑弥呼は魏の明帝に1回目の使者を送り、奴隷や布を献上している。すると、明帝からは金印や綿、絹、刀、銅鏡１００枚、真珠などの贈り物と、「親魏倭王」の称号が与えられる。それ以降、中国の外交記録には「邪馬台国の女王」ではなく、**「倭王」**と記載されているのだ。

史書が伝える卑弥呼の姿

卑弥呼が王になると、長らく続いていた混乱がおさまったように、その統治能力は高かった。とはいえ、王になってからはその姿を見た人はほとんどないという。政治は弟が補佐していて、卑弥呼は宮殿にこもって祈るいわば巫女やシャーマンのような存在だったようだ。

住まいは邪馬台国にあり、武装した兵が守っていた。１０００人の侍女にかしずかれて暮らしていたという。

倭王となった卑弥呼はすでに高齢で、結婚はしていなかった。居室への出入りはひとりの男だけが認められていて、食物を運んだり、言葉を伝えるなどの取り次ぎをしていた。

30以上のクニのトップに立ちリーダーシップを発揮する女王のイメージはなく、世俗的な政治とは一切関わっていなかったようだ。

魏の年号の入った方格規矩四神鏡（写真提供：時事）

やがて卑弥呼が亡くなると、次に男の王がついた。すると、また国は混乱に陥《おちい》り、数千人が亡くなる惨事となった。そこで、卑弥呼の娘である13歳の台与《とよ》が王の座につくと混乱は収まったという。

こうして、弥生時代晩期の混乱期を不思議な能力をもつ女王によって乗り越えて日本は形づくられていったのだ。

古い常識

古墳時代の有力政権を「大和朝廷」と呼ぶ

新常識

大和朝廷は「朝廷」ではなく「王権」か「政権」

近年の記述は「ヤマト王権」や「大和政権」

現在50歳以上の人であれば、古墳時代に奈良盆地を中心にして勢力をもっていた政権のことを**「大和朝廷」**だと習ったはずである。

大和朝廷は、伝説では九州の日向地方あたりからおこったとされているが、実際は、大和平野の南部におこったものではないかと広く考えられていた。

大和平野とは今の奈良盆地のことで、このあたりを中心にしていくつかの有力豪族たちが連合組織をつくって権力を持ち、それが大和朝廷になったとされる。

この大和朝廷は3世紀後半に成立し、4世紀の半ばまで、東は中部地方から西は九州あたり

3世紀中～末頃に築造されたとされる箸墓古墳。前方後円墳はヤマト政権にのみ許されていた。

までを統一した。そして、その後6世紀後半まで続いたというのが、かつての考え方だったのだ。

多くの日本人にとって、この大和朝廷という言葉は、日本を最初に統一した政治体制として頭にしみこんでいるはずである。

しかし現在では、この言葉は**「大和王権」「大和政権」**などと呼び名が変わっている。

近年、学校で使われている一部の教科書でも、かつてと同じように、3世紀後半に奈良盆地を中心にした地域に大きな勢力ができたことは書かれている。

しかし、それを大和朝廷とは呼ばず、「大和政権」という言葉を使って説明しているのだ。

ではなぜ、大和朝廷という言葉が消え、その代わりにいくつかの言葉が混在して使われるようになったのだろうか。

じつはそこには、**古代社会の政治体制**をどうとらえるかの考え方の違いが反映されているのだ。

「朝廷」という言葉の本来の意味は？

ここで問題になるのは、「朝廷」という言葉だ。

朝廷という言葉の本来の意味を考えてみると、大きい意味としては君主制下で官僚組織をともなった政府及び政権のことをさすが、さらにいえば天皇が政治を行う場所そのものを示しているのだ。

ということは、「大和朝廷」を使う場合、そのときすでに**天皇を中心とした国家の形**が明確に完成していなければならない。

ところが、学問的には、その点はまだはっきりとわかっていないのである。この時代の政治体制をどうとらえるかは諸説あるが、基本的には**「大王を中心とした豪族たちのゆるやかな連合勢力」**という見方が一般的なのだ。確固たる中心を持たない、ゆるやかな連合勢力であるとすれば、朝廷の意味とはずれてしまう。

そこで、その点を厳密に考えて「大和朝廷」という言葉が避けられるようになった。つまり、朝廷があったかどうかわからない以上は使えないというわけだ。

しかし、何らかの形で中央集権的な政治体制があったことだけはたしかだ。そこで、大きな意味でとらえることができる「政権」という言葉を用いて、「大和政権」という言い方が広まったのである。

「大和」と「ヤマト」が招く混乱を避ける

さらにもうひとつ、「大和」の表記の問題がある。

２０００年以降の教科書では、**「ヤマト」という書き方が登場している**のだ。

これはどのような理由からなのだろうか。

前述したように、大和政権は遅くとも3世紀後半に成立したとされる。ところが「大和」という表記が歴史上最初に登場するのは、じつは757年の「養老律令」の中でのことだ。

この中で大和という言葉は行政区画の名前として

大宝律令を修正し養老律令を策定した藤原不比等

登場する。それ以前には「倭」「大倭」の文字を使用していたものを、**養老律令から「大和」という書き方をするようになった**のだ。

しかし、律令行政区画の大和の範囲は、4～5世紀の政治勢力の中心範囲とは異なっている。そこで、同じ大和を使って両者が混同されるのを避けるために大和政権ではなく、ヤマト政権という言い方が生まれたのである。ある意味、歴史学的により厳密な考え方が適用されているわけだ。

「ヤマト王権」も使われる

なお、一部の教科書では、**「ヤマト王権」**も使われている。

これにはどのような意味があるのだろうか。

「政権」というと、かなり漠然とした政治体制と受け取れるが、「王権」という言葉にはより明確に、ひとりの王を中心とした政治体制という意味合いがある。

ヤマト王権という言葉が使われるようになった背景には、連立政権というよりは、ひとりの突出した王による支配力が大きかったとする考え方がある。

とくに現在は、その中心が奈良県の奈良盆地の東南部にあったとする考え方が有力なために、その場所の地名であるヤマトを使い、この言葉が使われているのだ。

そもそも「天皇」という言葉は、推古朝、または天武朝にできたといわれている。いずれにしても6世紀以降である。

つまり、それ以前の時代に「天皇を中心とする集権的な国家」という言い方はふさわしくないことになる。

だとすれば、4～5世紀にできた「大王と中心とした政治連合体」を示す言葉として「朝廷」を使うことはできない。「政権」のほうがふさわしいことになる。

いずれにしても、古代社会の政治体制の詳細が少しずつ明らかになる一方で、言葉の使い方にも厳密さが求められるようになり、かつての大和朝廷という表現はなくなりつつあるのだ。

仁徳天皇は古代中国の歴史書『宋書』に登場する「倭の五王」のひとり、「讃」に比定される。（楊洲周延画）

古い常識

聖徳太子は超人的な能力によって善政を敷いた

新常識

聖徳太子は超人ではなく官僚のひとりだった

超人のイメージが消えた

かつて聖徳太子といえば、日本史の最初に登場する偉人だった。

「十七条の憲法」や「冠位十二階の制度」を定め、さらに遣隋使を派遣して大陸の文物を日本に取り入れるなどして、日本の古代政治の礎を築く原動力になったとされる。

また、「一度に10人が同時にしゃべることを正確に聞き分けて、それぞれに間違いのない対応をした」といった逸話もよく知られ、**古代社会の中で驚異的な手腕を発揮した政治家**というイメージが根強い。日本の紙幣の肖像画としてもっとも多く（戦前2回、戦後5回）、長期間にわたって登場しているのも聖徳太子である。

日本史を語るうえで不可欠な存在と思われてきた聖徳太子だが、近年、そのイメージは大きく変わってきた。

かつてのような超人的政治家でなく、あくまで官僚であり、たしかに優秀ではあったが、蘇我馬子とともに**政治を動かした人物のひとりだった**というとらえ方をされているのだ。

かつての１万円札に描かれていた聖徳太子

実際は政治の担い手のひとりだった

以前は、教科書の多くで聖徳太子にひとつの章が割かれていた。

１９７０年代の教科書を見ると、聖徳太子は冠位十二階の制や十七条の憲法を定め、遣隋使の派遣などを行って大陸の文物を日本に取り入れるなどして、日本の古代政治の礎を築く原動力を生み出した偉人として描かれている。

『勝鬘経義疏』に描かれた聖徳太子（中央上部）

また、新羅との国交を結んだり、『天皇記』や『国記』などの編纂したことも聖徳太子の業績として知られてきた。

しかし、近年はその常識が大きく変わろうとしている。

たしかに、聖徳大使は冠位十二階の制や十七条の憲法の制定には関わっていた。また、朝鮮半島での勢力拡大にも尽力した。

ただし、それらは聖徳太子ひとりの偉業ではない。太子はあくまでもブレーンのうちのひとりだったという扱いに変わってきている。

近年の研究では、推古天皇を中心とした政治機構の中でもっとも重んじられたのは蘇我馬子だったとされている。

もちろん、聖徳太子は皇位継承の資格を持つ人物だったので、けっして軽んじられていたわけではない。しかし、聖徳太子というひとりのスーパーヒーローがいたのではなく、あくまでも**推古天皇、蘇我馬子、聖徳太子という3人がともに政治を動かしていた**という考え方が主流になりつつあるのだ。
そのため、かつては聖徳太子ひとりの業績とされていた十七条の憲法や冠位十二階の制度の制定も、現在の教科書では推古天皇の時代に行われたものとして扱われている。つまり、誰が制定したのかを特定していないのである。

推古天皇

「聖徳太子」ではなく「厩戸皇子」となる

また、呼び方も変わってきた。

現在では「聖徳太子」と**「厩戸皇子《うまやどの》」**を**併記**する教科書が多くなっており、なかにはこの時代にはまだ「皇子」という呼び方はなかったとする考え方から**「厩戸王」**と書かれたものもある。

そこには、「聖徳太子は実在しない」という説が影響している。

戦前にはすでにそのような説はあり、聖徳太子は実在の人物ではないと主張する歴史学者が増え、実在の人物だとする歴史学者と対立していた。存在を否定する研究者の多くは、聖徳太子とは古代社会に対する日本人の憧れを形にしたものに過ぎず、完全にフィクションだと考えていた。また、聖徳太子について書かれた史料についても、その信憑性を疑う学者が多かった。ただ、厩戸皇子については、数々の資料から**存在は確実視されている**。聖徳太子と同一人物なのかについては議論のあるところだが、聖徳太子とは厩戸皇子の諡《おくりな》（死後の称号）であるともいわれ、完全にフィクションとまでは言えないという考えが主流となっている。そのため、教科書などでは併記されるようになっているのだ。

有名な肖像画は別人か？

さらに、聖徳太子についてはもうひとつの新常識もある。紙幣の絵柄のもとになった有名な聖徳太子の肖像画は、じつは別人を描いたものであるという説も定着しているのだ。

誰もがよく知る聖徳太子の肖像画は、左右に2人の童子が立ち、その間で笏《しゃく》を持った太子が立っているものである。これは「聖徳太子二王子像」または「唐本御影《とうほんみえい》」と呼ばれるもので、8世紀に描かれたものとされてきた。

「聖徳太子二王子像」

ところが、ある研究者が「この人物が聖徳太子であるとする根拠がない」と主張したのをきっかけにして、これが本当に聖徳太子像かどうかの疑問が広がったのだ。

肯定派も否定派も、いずれもこの絵が8世紀に描かれたという点では意見が一致している。聖徳太子は６２２年に没したとされるため、**本人の死後１００年以上経ってから描かれた**ことになる。

つまり、たとえ聖徳太子の肖像として描かれていたとしても、目の前にいる人物を描いたわけではなく、あくまでも想像だったと考えられる。

そのため、この肖像が聖徳太子の風貌を正確に表現した絵画であるという考え方は、今はほとんど受け入れられていないのだ。

現在、多くの教科書ではこの絵画を「伝聖徳太子像」と説明している。

とはいえ、その存在感は今もなお大きい。正体がつかめないからこそ想像力をかき立てられる存在となっている。

古い常識

仁徳天皇陵に眠っているのは仁徳天皇

新常識

「仁徳天皇陵」の埋葬者はまだ判明していない

「仁徳天皇陵」から「大仙古墳」へ

大阪府南部の堺市、羽曳野《はびきの》市、藤井寺市にまたがる「百舌鳥《もず》・古市《ふるいち》古墳群」は、２０１９年に登録されたユネスコの世界文化遺産だ。

百舌鳥・古市エリアには、古墳時代の最盛期である4世紀後半〜5世紀後半にかけて１００基以上の古墳が密集してつくられており、今でも47基が残っている。そのなかでも有名なのが、かつて教科書で「仁徳天皇陵」として紹介されてきた**日本最大の前方後円墳**だ。

その墳丘の大きさは長さが５２５メートル、前方部分の幅が３４７メートルあり、周囲には二重の堀がめぐらされている。さらに、その周辺には陪塚という小さな古墳が10基以上、つき従うかのようにつくられている。

そのスケールの大きさから、エジプトのクフ王のピラミッドや、中国の秦の始皇帝陵と並ぶ**世界三大陵墓のひとつ**に数えられているのだ。

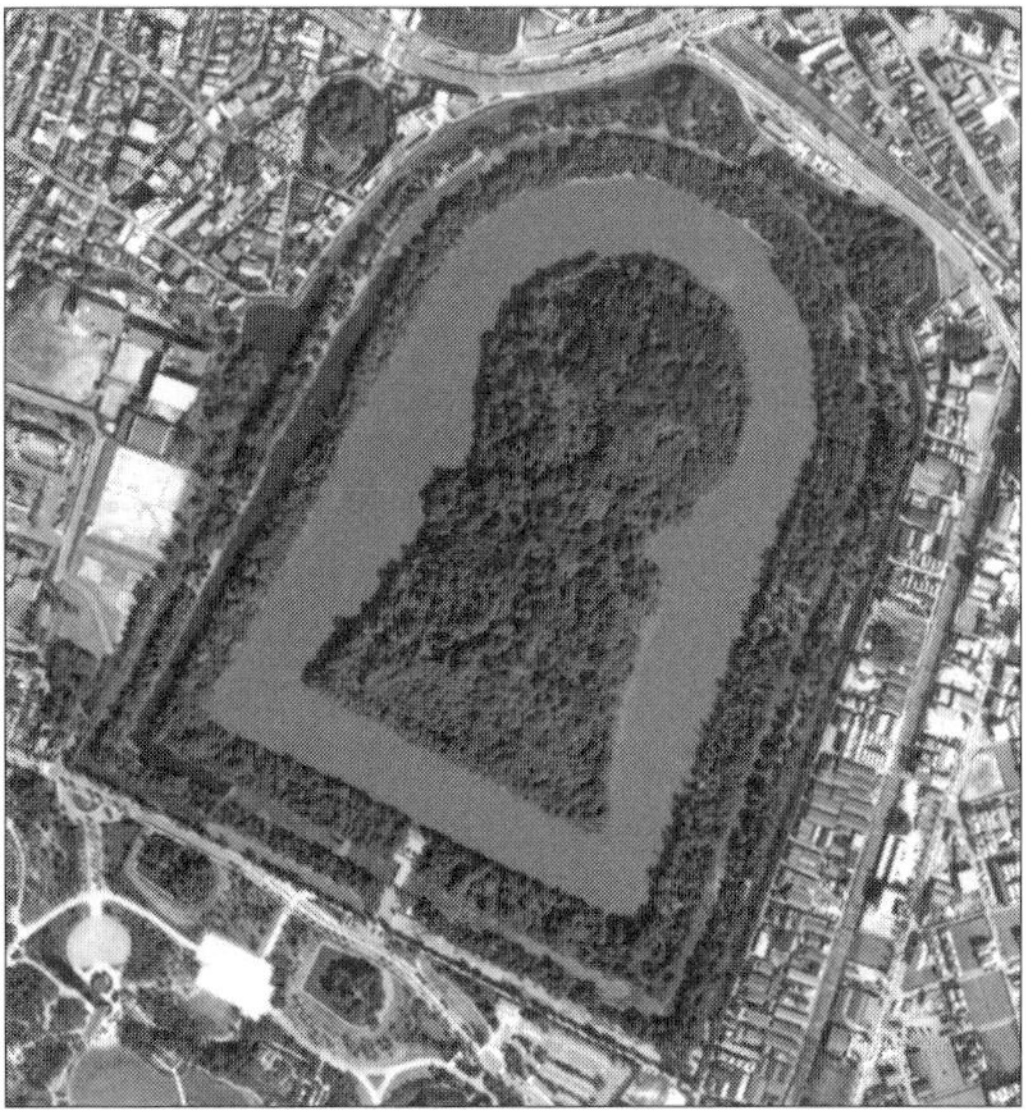
大仙古墳（© 国土画像情報〔カラー空中写真〕国土交通省）

ところが、そんな世界的に有名な古墳でありながら、じつは過去30年間に教科書での記述が2度も変わっている。

1970年頃には「仁徳天皇陵」とされていたのが、1990年頃には「仁徳陵古墳」となり、現在の教科書では同じ写真に**「大仙《だいせん》古墳」「大仙《だいせん》陵《りょう》古墳」**と説明がつけられている。

所在地の堺市大仙町の名をとったシンプルな名前に変わっているのだ。

なぜこのように何度も名前が変わってきたのかというと、それは**埋葬者が仁徳天皇かどうかがはっきりとしない**からである。

どの史料の記載も「百舌鳥のあたり」

仁徳天皇は4~5世紀に即位した第16代天皇で、奈良時代に編纂された『日本書紀』によると在位は87年で、110歳の時に崩御したという。

一方で、『古事記』には83歳で崩御したとの記述があり、かなり年齢に違いがあるのだが、いずれにしても当時としてはかなり長寿だったことにはまちがいない。

百舌鳥エリアに密集してつくられた古墳のうち、どこに仁徳天皇が埋葬されたのかについては後世に書かれた歴史書を紐解《ひもと》くしかないのだが、**どこにもはっきりとは書かれていない**。

たとえば『古事記』には、「御陵は毛受《もず》の耳原にあり」とあり、『日本書紀』には「冬十月の癸未の朔己丑に百舌鳥野《もずの》陵《みささぎ》に葬《はぶ》りまつる」とだけある。いずれも場所はわかるものの、**厳密にどの古墳なのかがわからない**のだ。

さらに、平安時代のさまざまな制度について記した『延喜式』にも仁徳天皇の墓についての記載があるのだが、そこには「百舌鳥耳原中陵《もずのみみはらのなかのみささぎ》」となっている。

そこで、この「中陵」の「中」を根拠として、大仙町にある最大の古墳を仁徳天皇陵と定めたようだ。なぜなら、仁徳天皇陵とされている古墳の南側と北側にも前方後円墳があり、ちょうど「中間」に位置するからだ。

大仙古墳の拝所

敷地内は立ち入り禁止

『日本書紀』や『延喜式』には、百舌鳥エリアには仁徳天皇と、その子である第17代履中天皇と第18代反正天皇の3つの古墳がつくられたとの記述がある。

そして、その位置関係は、北にあるのが反正天王陵で、南が履中天皇陵、その間にあるのが仁徳天皇陵となっているのだ。

ところが、考古学的な調査が進んでくると**築城年が記述と矛盾する**ことがわかってきた。

どうやら3つの古墳のうち、南にあるものがもっとも早く築城されていて、次に中、そして北の順にできたものだというのである。

そうなると、崩御した順番からいえば、一番古い南側の古墳が仁徳天皇のものと考えるのが自然ということになる。

この矛盾を解消するために、研究者らは内部に入って徹底的に調査したいところなのだが、じつは古墳を管理している**宮内庁が立ち入り検査を認めていない**という事情がある。

陵墓は皇室の祖先が眠る場所で、その静謐を妨げることがあってはならないという「陵墓の静安と尊厳の維持」が陵墓管理の基本的原則になっているため、考古学や歴史学の調査研究のためといえども立ち入ることが許可されていないのだ。

一般人が発掘調査することはもちろん、敷地内に立ち入ることすら禁止されており、埋葬者が誰なのかをいまだに突き止められずにいるのが現状だ。

ちなみに、戦前の宮内省の調査官が陵墓に立ち入る際には、背中に羽をつけてカラスの仮装をしたという。魂を抜いて鳥になるための儀式を行ったのだ。何人も立ち入ってはいけないが、鳥なら仕方がないということなのだろうか。

埋葬されている2人目は誰？

これほどまでに厳重に管理されてきた大仙古墳だったが、宮内庁から2018年に発掘、調査を行うという発表がありニュースとなった。古墳の調査で知見と実績のある堺市との共同調

古墳の堤から見つかった埴輪列（写真提供：時事）

査ということもあり、歴史ファンの間では「いよいよか」と湧き立った。

というのも、この古墳が仁徳天皇のものであるかどうかという以外にも、もうひとつのミステリーが隠されているからだ。

じつは、この古墳には**２人が埋葬されている可能性がある**という。

大仙古墳は今から約１５０年前の明治５（１８７２）年に調査が行われていて、その時の資料には前方後円墳の台形部分の「前方部」に仁徳天皇のものとみられる石棺が見つかっているのだ。

しかし、古墳時代の人々は丸い方の「後円部」に向かって祭祀をとり行っていた。つまり、天皇の棺は古墳の丸い部分にあったはずなのだ。

となると、**前方部で見つかった石棺は誰のものなのか**。もうひとり、まだ歴史には登場していない人物が眠っているとも考えられるのだ。そのため、調査の許可が下りたことによって、謎に近づけるのではないかと思われた。

だが、2018年に行われた調査はわずか1ヵ月で、しかも調査されたのは核心部分でなく、堀を囲む「堤」といわれる部分の3ヵ所のみだった。

しかし、そこからは興味深いものが出土した。

まず、堤の平らな部分に石が敷き詰められていたことだ。このようなつくりの古墳は他には見られないという。さらに、その石が敷き詰められた平らな部分に直径35センチメートルほどの約3万本の埴輪が列になっているのが見つかった。このような造りはかなり珍しく、しかも完成までに相当の年月が必要なのだという。

そして、そこからわかるのは、やはりこの古墳にはかなりの権力者が眠っているに違いないということだ。

宮内庁は、教科書の記載が大仙古墳となった今でも仁徳天皇の陵墓として定めて管理している。2008年には奈良市にある神功皇后陵への立ち入り調査を許可したという前例もあるため、今後、この陵墓に眠る人物が明らかになる可能性もありそうだ。

2章　貴族の時代の新常識

古い常識

645年に「大化の改新」が起こった

新常識

645年に起きたのは「乙巳《いっし》の変」

645年に何が起きた?

日本史の問題で「645年に起きたこととは?」と問われて**「大化の改新」**と答える人は、おそらく30代以上だろう。

この世代の人は、大化の改新とは**中臣鎌足《なかとみのかまたり》**と**中大兄皇子《なかのおおえのおうじ》**が手を組んで、蘇我氏を滅亡させた事件だと学校で習っている。しかも、その舞台は朝廷で、当時の朝鮮半島にあった新羅《しらぎ》、百済《くだら》、高句麗《こうくり》の使者が招かれた「三国の調」の儀式の真っ最中だったと学校の先生から教わっているはずだ。

しかし、じつは90年代から2000年代にかけて、「645年=大化の改新」という表記は歴

乙巳の変で蘇我入鹿が首をはねられるシーン（『多武峯縁起絵巻』より）

史の教科書から消えている。現在では、**645年は「乙巳の変」が起きた年**と記載されているのだ。

豪族同士の争いを制した蘇我氏

乙巳の変とは、蘇我入鹿《いるか》が暗殺され、その父の蝦夷《えみし》が自殺に追い込まれた**クーデター**のことだ。

7世紀前後の日本（倭国）は、形のうえでは天皇中心の政治体制だったが、豪族が富と力を持ち、覇権争いを繰り広げていた。

なかでも有力だったのが蘇我氏と物部氏だったが、最終的に争いに勝ち、物部氏を滅亡に追い込んだのは**蘇我氏**だった。

一人勝ちした蘇我氏は天皇以上に力をつけた。なにしろ、役人を12等級に分けてそれぞれの冠位を授

蘇我馬子を埋葬したといわれる石舞台古墳

ける「冠位十二階」が制定された時にも、大臣のひとりだった蘇我馬子の一族は等級の中には含まれていなかったほどだ。

これはすなわち、**蘇我氏は天皇家と同じくらい〝特別な存在〟だった**ことを意味している。

中大兄皇子と中臣鎌足による改新

馬子は、敏達《びだつ》天皇の代から4代にわたって朝廷に仕え、蘇我氏の全盛期を築いた。敏達天皇の後に即位した用命天皇、崇峻《すしゅん》天皇、そして推古天皇の3人の天皇の母はいずれも蘇我氏の娘だったため、実権を握ることは難しいことではなかったのだ。

しかし、崇峻天皇と馬子の仲が険悪になると、馬子は自分の首が狙われていると考えるようになり、先手を打って崇峻天皇を暗殺する。

その後、やはり血縁関係にある推古天皇を即位させ、息子の蝦夷や孫の入鹿とともに権力を欲しいままにした蘇我氏は朝廷を操った。

特に**蘇我入鹿**は、みずからが決めた次期天皇候補の邪魔になると考え、皇位継承者さえ殺害するという傍若無人ぶりだった。それによって、厩戸王（聖徳太子）の血を引く一族を滅ぼしているのだ。そんな蘇我氏を追い落とすための計画が秘密裏に進んでいたのは、当然といえば当然だろう。

山中で蘇我入鹿について相談をする中大兄皇子と藤原鎌足
（『多武峯縁起絵巻』より）

その頃、中大兄皇子や中臣鎌足は、唐から新しい国家体制について学んで帰国した僧や学者らと最新の中央集権国家を建設しようと動き出していた。

2人にとって蘇我氏は、新たな国家づくりのさまたげだった。そのために「乙巳の変」を起こし、蝦夷・入鹿親子を排除したのだ。

その後、中大兄皇子は弟の軽皇子《かるのみこ》を天皇に即位させ、中大兄皇子は皇太子となり、中臣鎌足は軍事や外交の責任者として実権を握り、ともに天皇中心の中央集権づくりという一大改革を行っていく。

この一連の政治改革のことを「大化の改新」というのである。**乙巳の変は大化の改新の幕開けにすぎない**のだ。つまり、より厳密に教科書に記されるようになったといえるのである。

古い常識

藤原京は小さくて地味な都だった

新常識

藤原京は画期的な大都市だった

日本初の都としてつくられる

日本史上で最初に条坊制によってつくられた**本格的な都**といえば、藤原京だ。

「条坊制」とは、中央に南北方向に伸びる朱雀大路を配し、南北の大路（坊）と東西の大路（条）を碁盤の目のように組み合わせた、左右対称で方形の都市のつくり方である。中国で生まれた計画都市で、日本でもこれに倣って都が造られたが、藤原京はその先駆となった都なのだ。

律令国家としてまとまるうえで本格的な都の造営は不可欠だった当時、天武天皇が建設を開始し、持統天皇の時代である694（持統8）年に完成した。以後、平城京が完成する710（和銅3）年までの間、**日本の政治の中心**だった。

藤原京跡の発掘調査の様子（写真提供：共同通信社）

この藤原京がどれほどの規模の都だったのか、近年の研究によって見方が変化してきている。

発掘が進むたびに規模が大きくなる

かつては、藤原京については「畝傍山《うねびやま》・天香具山《あまのかぐやま》・耳成山《みみなしやま》の大和三山《やまとさんざん》に囲まれた」という書き方が一般的だった。「東西約2キロ、南北約3キロ」という具体的な数字まであげている教科書もある。

さらに、都の北部中央に宮城《きゅうじょう》が置かれ、これが以後の都のつくり方の基本形となったことも記されている。

この記述だと、のちにつくられた平城京の3分の1ほどの規模になる。いってみれば藤原京は、日本の都づくりの出発点として**コンパクトにつく**

られたモデルケースのような存在というイメージだったといえる。

ところが、近年はそのイメージが大きく変わってきたのだ。

1990年以降の発掘調査と詳細な研究により、藤原京は実際には、一辺が約5・3キロメートル四方の正方形でその中心に宮城が置かれていた、平城京に勝るとも劣らない、大規模な都だったのである。

これを地図に当てはめてみると、以前は「大和三山に囲まれた」とされた藤原京は、逆に**大和三山を包み込むような形**だったことがわかる。

また都の中心に宮城が置かれたというのも、都のつくり方としては大変珍しい。つまり藤原京は、条坊制の常識から見れば、**かなり大規模で大胆な都**だったことがわかってきたのだ。

藤原京の実像がこのように変化した過程には、前述のように発掘調査が大きく関わっている。

1966（昭和41）年の調査では、東西約2キロメートル、南北約3キロメートルという規模だと考えられていた。だが、1979（昭和54）年にその外側にも道路跡が発見されたのに続き、1996（平成8）年には全体像が確認され、東西の距離が約5・3キロメートルであることがわかった。しかも2004（平成16）年には、都の北端に位置するものと考えられる道路の痕跡が見つかり、それにより南北約4・8キロメートルの規模であることがわかったのだ。

発掘調査が進むたびに、藤原京は**少しずつ大きくなってきた**のである。

天皇が代わっても存在し続ける都

藤原京には、計画的につくられた都市であることに加え、もうひとつ大きな意味がある。

それまでの天皇は、即位するたびに新しい都を定める、いわゆる「歴代遷宮」という方式をとっていた。都は、天皇が住むための場所だったのだ。

しかし天武天皇は、天皇が変わっても都はそのまま存在し続けて、**政治や祭祀などの役割を果たす場所**であり、人々が生活を営む場所として生き続けるという発想をしたのである。

天武天皇のあとに持統天皇がその遺志を引き継ぎ、完成したのが藤原京だった。

藤原京は、日本の歴史の中でも画期的な都だったといえるのだ。

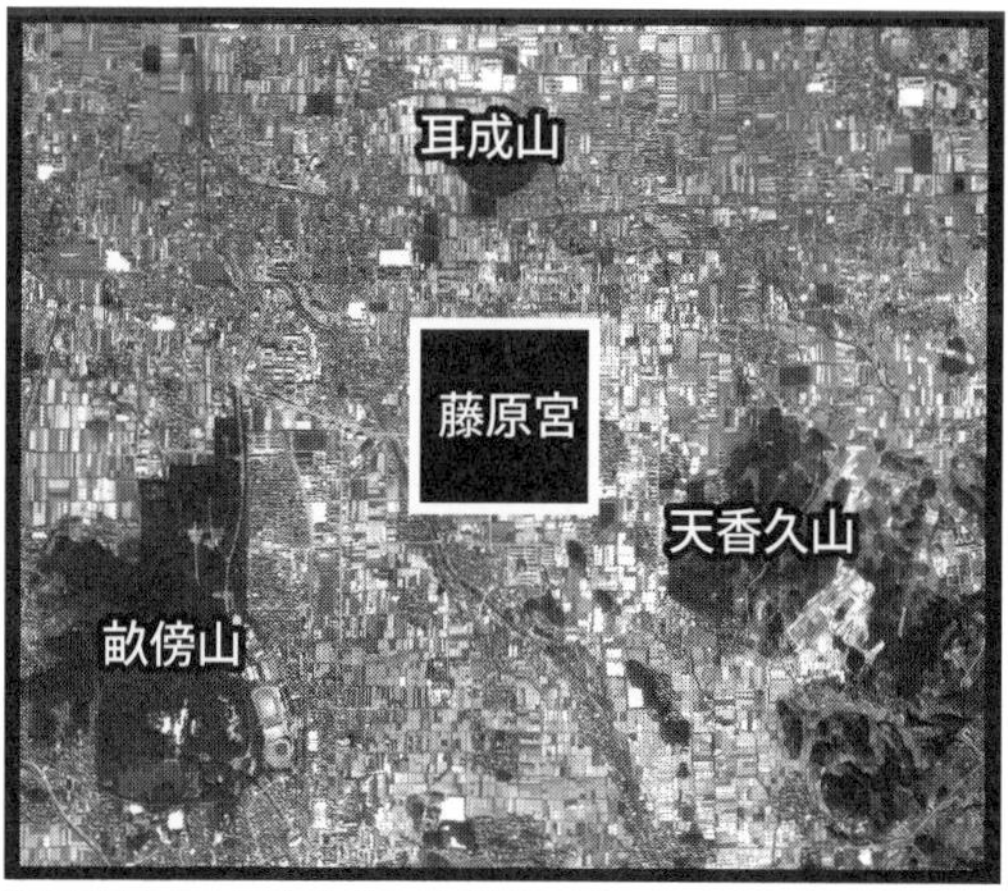

藤原京はこの写真全体に広がるほどの大きな都だった。（国土交通省 国土画像情報〔カラー空中写真〕をもとに作成）

古い常識

平安京は優雅で華やかなすばらしい都だった

新常識

平安京は無法地帯だった

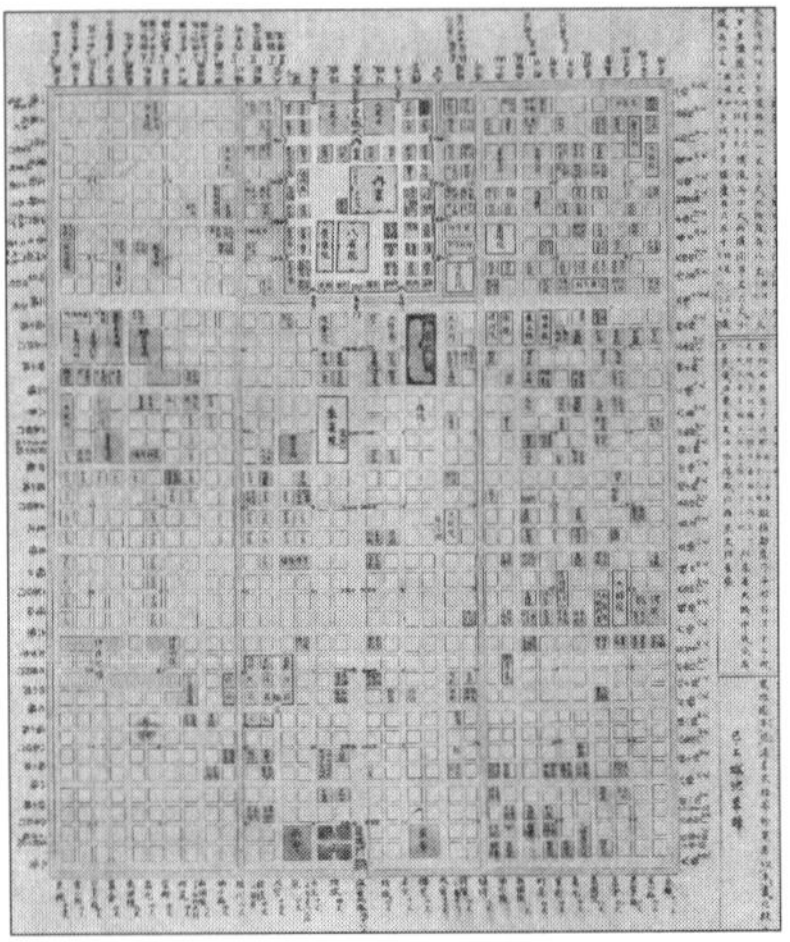

平安京の図（森幸安・1750年）

優雅なイメージは本当か

平安京が生まれた年号を「なくよ（794）うぐいす平安京」という語呂合わせで覚えた人も多いはずだ。

現在の京都の市街地とほぼ同じ位置につくられた平安京は、東西約4・5キロメートル、南北約5・2キロメートルの都だった。

中心には朱雀大路というメインストリートがあり、

平安京の優雅なイメージを体現する『源氏物語絵巻』（国立国会図書館蔵）

その北端の中央に大内裏があった。その大内裏から見て朱雀大路の右側を「右京」、左側を「左京」といい、多くの道が張り巡らされ、「近衛大路」「二条大路」などと名前がつけられていた。そして、それぞれに町がつくられていたのである。

これだけの規模の都にどれくらいの人々が暮らしていたのか、正確な数字はわかっていないが、都の規模から推定して人口は約12万人から13万人だったと考えられている。

この都は、**貴族文化の象徴**だった。

平安京というと、多くの人には、『源氏物語』に描かれたように、高貴な身分の男女が美しい衣装を身に着けて典雅な歌を贈り合い、恋に身を焦がしていたという、優雅なイメージがあるだろう。うぐいすという鳥が語呂合わせに登場するのも、そのイメージに一役買っているのかもしれない。

ところが、平安京の実情はイメージとはかなり異なっていたようだ。実際の平安京は治安の悪い無法地帯で、インフラも整っていない不衛生で劣悪な場所だったというのだ。

近年、そのような新たな平安京の姿が浮かび上がり、新たな常識になりつつある。

貴族が起こした事件の数々

都の一部には、冒頭に記したイメージにあるような優雅な日常もあったのだろう。

しかし貴族という身分は世襲制だったためか、しだいに腐敗していき、悪徳行為が横行するようになった。役所では**貴族同士の争い**や**賄賂**なども多かった。

たとえば、1017（寛仁元）年には藤原道長の屋敷が泥棒の被害に遭い、大量の金銭が盗まれるという事件があった。のちに捕えられた犯人は金銀を収めた蔵の管理責任者の家来で、共犯者にはほかの公卿の家来もいたという。

また1019（寛仁3）年には、博打のことで争いになった2人が刀で斬り合いながら内裏に入り込み、そのまま**太皇太后の御座所の近くで刀を振り回す**という事件が起こった。宮中には衛兵もいたはずだが、止められなかったのだ。

ほかにも、中関白だった藤原道隆の孫が後一条天皇の前で蔵人（天皇の側近）と大げんかを

『伴大納言絵詞』に描かれたケンカの様子。矢印の人物は公卿の使用人で、子供の喧嘩に親が出てきて庶民を蹴っている。（国立国会図書館蔵）

始めた事件や、藤原道長の子息が起こした強姦未遂事件、内大臣藤原伊周《これちか》が花山法皇の従者を殺害して生首を盗んだ事件など、腐敗した貴族社会をうかがわせるような出来事は数知れない。

強盗や**追剥**、あるいは女官が衣服を剥ぎ取られるなどの**猥褻行為**も日常的に頻発していた。殺された役人の死骸が、そのまま屋外に放置されたこともあったという。

もちろんこれらの犯罪行為を取り締まる役人もいたが、それではとても足りず、「検非違使《けびいし》」という特殊警察のような役職もつくられた。

平安京の治安の乱れを正すことがその目的だったが、仕事が多岐にわたっていてあまりに忙しく、役目を十分に果たすことはできなかった。

それどころか、検非違使自身、あるいは彼らの親類縁者などがその地位を悪用して罪を犯すこともあったほどだ。

支配階級である貴族がこのような状態なのだから、庶民はさらに厳しい環境で暮らしていたことは容易に想像できる。彼らは常に貧しく、強盗などは日常茶飯事だったようだ。

農業技術もそれほど進歩していないので、天候不順や自然災害で農作物の収穫高が減ると、食べるにも事欠いた人々があふれ、たちまち都は犯罪であふれかえったと考えられる。

平安京は、平和にはほど遠い都だったのだ。

異臭がただよう不衛生な都

また、最近注目されているのが「匂い」だ。

平安京には、**つねに悪臭が漂っていた**と考えられている。

まず、貴族も庶民も入浴の習慣がなく、体を洗うのは数日間に一度というのが当たり前だったので、現在の衛生観念からすれば不衛生だったのだ。

そして何よりも問題だったのは、人間の汚物処理である。

当時トイレというものはなく、身分の貴賤に問わず「ひばこ」というものに用を足して、それを川に流していた。貴族であればその処理の役目を負う者がいたが、庶民は自分で処理しな

『餓鬼草紙』に描かれた町の様子。小路で用を足す人のそばで、人の死後の姿とされる餓鬼がそれを食べるために待つ姿が描かれている。当時の不穏な世相を反映しているといわれる。（国立国会図書館蔵）

ければならず、なかには家の中に糞尿が溜まっていることもあったという。

一応は道の端に下水処理のための溝があるところもあったが、とても機能するだけの規模ではなく、処理しきれなかった糞尿や下水がいたるところに放置されていたらしい。それらを処理するのは検非違使の役目のひとつだったが、前述したように彼らは忙しすぎて役目を果たせなかった。

そうなると町は不衛生になり、**疫病**なども流行する。当然死者も出たが、**死体は放置されることも多かった**という。地震などの自然災害で多数の死者が出た場合も同様で、人だけでなく、牛や馬などの家畜や野生動物の死体も放置されていたという。

後世に伝えられる和歌や遊戯などの優雅な貴族文化が平安京で生まれたことも事実だが、大勢の人の暮らしがある以上、そこにはいろいろな面があったのだ。

古い常識

怪僧・道鏡は女帝をたぶらかして思うままに政治を操った

新常識

道鏡は平凡な僧だった

女帝をたぶらかした悪僧か

「歴史の陰に女あり」というのは使い古されたフレーズだが、色恋沙汰が天下の一大事に発展してしまうケースはよくあることだ。

奈良時代、上皇と深い仲になり、その寵愛を利用して家臣としては最高位である太政大臣禅師まで上り詰め、ついには**天皇の位につく寸前までいった**のが、怪僧と名高い**道鏡**だ。

道鏡は女帝・**孝謙上皇**が病に伏せたときに看病に当たった。仏教説話集『日本霊異記《りょうい》』には、「僧道鏡法師、皇后と同じ枕に交通し、天の下の政を相け摂りて、天の下を治む」という記述があり、道鏡が孝謙上皇と男女の関係にあったうえに、政治にも深く関わっていたことを示唆し

『弓削道鏡物語』に描かれた道鏡（歌川国安画・国立国会図書館蔵）

ている。

孝謙上皇は道鏡との関係を深める一方で、淳仁《じゅんにん》天皇と対立した。淳仁天皇の後見であり太政大臣だった恵美押勝《えみのおしかつ》（藤原仲麻呂）は、この状況を危惧して挙兵したものの、失敗し滅ぼされた。

その結果、淳仁天皇は退位させられた挙句に淡路島に流されてしまう。

孝謙天皇は皇位に返り咲いて称徳天皇となり、道鏡を太政大臣禅師とした。僧としての最高位である法王の称号を得た道鏡は、称徳天皇を操りながら造寺、造仏を盛んに行うなど、仏教を中心とした国造りをしたとされる。

挙句の果てに、孝謙上皇は道鏡を天皇の位につかせようとしたのだ。

この一連の流れが、色欲におぼれた孝謙上皇を操った**希代の悪僧**という道鏡のイメージをつくり出しているのだ。まさに絵にかいたようなヒールの道鏡だが、じつは近年、この見方に異論をとなえる向きがある。

病を癒した道鏡に恋した孝謙上皇

たしかに道鏡と孝謙上皇はかなり親しい、もしくは恋人のような関係にあったようだ。しかし、それはあくまでも孝謙上皇が病気を癒してくれた道鏡を心の支えにし、その気持ちを表すために異例の出世をさせたというもので、道鏡が主導権を握っていたわけではないというのだ。当時の僧侶といえば、博学で清廉、高貴な存在だ。道鏡は星占いのような宿曜《すくよう》秘法に長けており、上皇の病もこの秘法で癒したという。

退位した上皇は、宮中で側仕えの者たちに囲まれていた頃とは違い、寂しい暮らしを送っていた。病気というのも肉体の病ではなく、寂しさからくる気鬱のようなものだったとされている。自分の身を案じて癒そうとしてくれる道鏡に上皇が頼もしさを覚え、傾倒していったのは無理もないだろう。

さらに、道鏡が「皇位を狙う」といった大それた野望を抱いていたのかというと、それも想像の域を出ないのだ。文献などを紐解《ひもと》いても、**道鏡が悪政を行ったり、自分から皇位につこう**

としたことを証明する記述は見つからないという。

『続日本書紀』に、道鏡が皇位を望んだという記述はあるものの、これは同書の編纂を命じた桓武天皇の政治的な意図に沿って創作された可能性があるため、決定的な証拠と言うことはできない。

事件の舞台になった宇佐神宮

神託は道鏡のたくらみではなかった？

どのような意図があったにせよ、孝謙上皇が道鏡を出世させたことは朝廷におけるパワーバランスを崩してしまう。天皇を取り巻く人々にとって、道鏡は女帝を篭絡して権力を握ろうとする邪魔者に過ぎなかった。

そんななかで起きたのが、**宇佐八幡宮神託事件**だ。九州にある宇佐八幡宮から、**道鏡の天皇即位を促す神託**があったという知らせが届いたのである。

天皇に返り咲いていた称徳天皇（孝謙上皇）は喜んで、神託

和気清麻呂が宇佐八幡宮で託宣を受ける様子（月岡芳年『皇国二十四功』より）

を確認させるために和気清麻呂《わけのきよまろ》を使者として遣わせた。

ところが、清麻呂には道鏡に反発する藤原百川《ももかわ》をはじめとする貴族たちがついていた。清麻呂は九州から帰ると、「家臣が天皇になることはできない。天皇は皇族から選び、**素性がわからないものは排除するべし**」という託宣を告げた。

これに怒った称徳天皇は清麻呂を鹿児島に追放した。

この一件で、最初に報告された託宣は道鏡が皇位を手に入れるために仕組んだもので、清麻呂は我が身を賭してこれを防いだというのがこれまでの説だ。

しかし、本当に道鏡が仕組んだとしたら、わざわざ確認に行かせたことに疑問が湧く。イメージ通りの悪役ならば、なんともお粗末な顛末ではないだろうか。

この1年後に称徳天皇は崩御し、道鏡は失脚して下野薬師寺の別当（寺務を取りまとめる役職）として都から追放された。皇位を継いだのは藤原百川らが推す光仁天皇だ。

寂しい女帝と道鏡の悲恋物語？

ここで注目したいのは、道鏡の即位を阻んだ功労者ともいえる清麻呂のその後だ。

清麻呂は道鏡が失脚したのちに都に呼び戻され名誉を回復したが、**すぐに大出世をしたわけでもない**。のちに即位した桓武天皇に重用されたものの、皇位を狙う道鏡とそれを阻もうとする勢力の陰謀うごめく逸話の中のできごとというには、少し物足りないようにも見えるのだ。

あくまでも仮説だが、この出来事の主役はあくまでも孝謙上皇で、愛する男性の気を引くために暴走しただけではないのか。道鏡は受け身でそれに甘んじていただけで、特段の野心や計画性などはなく、流されただけ――。

そんな風に考えると、「怪僧道鏡」というイメージは果たして本当の姿だったのかも疑問だ。寂しい女帝が優しくしてくれた男性にひたすら尽くして、悲しい結末を遂げた悲恋物語のようにも思えてくるのである。

浮世絵に描かれた道鏡（歌川国貞「ゆげの道鏡 松本幸四郎」）

古い常識

自分の土地を守る農民が武装した結果武士になった

新常識

武士ははじめから殺人のプロとして誕生した

武士の始まりは農民の武装化？

日本の歴史を語るうえで、武士の存在は欠かせない。明治維新を迎えるまで日本は長い時代にわたって、武士が世の中を治めていたのは周知の事実だ。

その武士は、そもそもいつ誕生したのか。そして、そこにはどんな背景があったのか。この点についての考え方が近年、大きく変化してきている。

武士の誕生には**土地制度**が大きく関わっている。そこで、かつて土地制度との関わりの中で、武士の誕生がどのように考えられていたのかを見ておきたい。

まず、７０１（大宝元年）に出された「大宝律令」で、すべての国民と土地は天皇と国家のものだと定められた。このとき「班田収取の法」が制定され、国民に口分田を分け与える代わりに、収穫物の3パーセントを国に収めるという租税のシステムが確立されている。

しかしこれはうまくいかず、土地を捨てて逃亡する農民が増加して、朝廷は税が徴収できなくなったのだ。

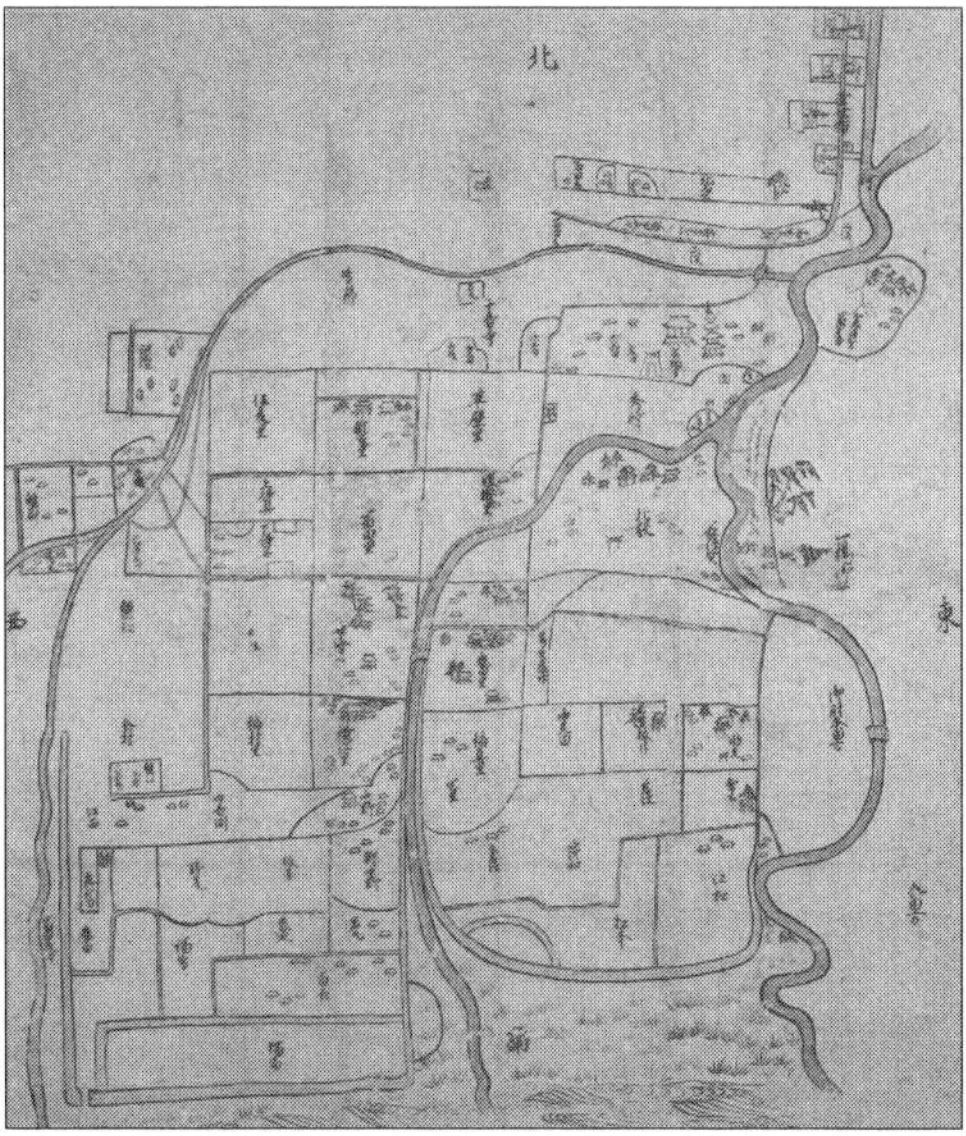

中世の集落の様子がわかる荘園の絵図（「尾張国富田荘絵図」）

そこで723（養老7）年に「三世一身の法」が制定され、開墾した土地はその後3代にわたって私有することが許されるようになった。

しかし、これもまたうまく機能しなかった。3代目までは開墾しても、それ以降は土地は荒れ放題になり、やはり税の徴収は滞ることになった。

そこで今度は、743（天平15）年「墾田永代私有令」が公布された。これは文字どおり、農民に自分の土地の所有を認めるという画期的な法令だった。ようやく自分の土地を持つことができるようになった農民たちは、それまで以上に農業に打ち込み、収穫量も向上した。

朝廷は税の徴収を確実なものにするために、それら荘園に「国司」と呼ばれる地方行政官を配置した。国司は農民に対して厳しく税の取り立てを行い、さらには土地を奪う国司も出てきた。これに対して農民は武装し、土地を守ろうとした。場合によっては武器を手にして国司に抵抗することもあった。

こうした流れの中で戦うことに秀でた者が武士となり、そうでない者はそのまま農業に従事するという形で階層が分かれていった。そして力のある武士たちは、やがて政治をも動かすようになっていくのだ。

これが、長年にわたって学校で教えられてきた武士の誕生のいきさつである。つまり**「武士はもともと農民だった」というのが、かつての常識だった**のだ。

しかし、これらの記述が事実であれば、10世紀に各地で成長した豪族や有力農民は、その勢力を拡大するために弓矢を持ち、馬に乗って戦う武士となったことになる。

だとすれば、初期の武士は武芸の訓練もされておらず、武器も農作業で使っていた農機具などだったに違いない。どちらかといえば戦闘については素人だということになる。

また一説では、国司が武士になったとも言われていたが、国司にはそれほどの力はなかった

貴族であり国司でもあり、初期の武士ともされる藤原秀郷のむかで退治の様子
(『俵藤太物語絵巻』より)

と考えられている。だから、その考え方も今は否定されている。

では、武士とはいったいどのようにして生まれたのだろうか。

治安維持のためのプロ集団として誕生した

現在では、武士とは朝廷から職業的な戦士としての**身分を認められた者**のことを指すと考えられている。

彼らは狩猟などを通して弓矢の腕を磨き、馬を乗りこなすなどして、戦闘員として優れた技術を身につけた。**最初から、殺人もいとわないプロの戦闘員として誕生**したのだ。

近年の学校ではどのように教えられているのだろうか。

9世紀末から10世紀に地方政治が大きく変化し、地方豪族や有力農民は、自分たちの勢力を広げるために武装して紛争を起こすようになった。中央政府は、それを鎮圧するために中・下級貴族を新たに押領使・追捕使といった役職に任じて各地に派遣した。その中にはそのまま現地に残る者もいて、それが有力な武士の出現につながったのだとされている。

ちなみに、ここでは農村から武士が生まれたという考え方はなくなっている。

あるいは、かつては領主が自分の所領を守るために武装し、そのまま武士になったのではなく、紛争の解決を請け負った武士がそのまま土地に定着して、やがて荒野を開き、開発領主となったとも教えられている。

ここでもやはり、あらかじめ「武士」という身分の者がいて、それが土地を開いたことになっている。

つまり、武士とはもともと土地を中心とした法治国家の中で治安維持のために中央から派遣された職業集団、いわば**治安維持軍**のような存在だったのだ。

3章　武士の時代の新常識

古い常識

1192年に鎌倉幕府が成立した

新常識

鎌倉時代の始まりは1185年

1192年説への異論

かつて歴史の授業では、1192年に鎌倉幕府が成立したことによって鎌倉時代が始まり、それ以降を「中世」ととらえていた。つまり、1192年は、鎌倉時代の始まりであると同時に中世の始まりでもあったのだ。

実際、旧学習指導要領にもとづいて書かれた教科書の中には、「鎌倉幕府成立と同時に中世が始まった」という記述のあるものもあった。それが日本人の常識だった。

ところが、それが変わりつつある。新しい学習指導要領に基づく教科書のほとんどには、**鎌倉時代の始まりと中世の始まりが同じだという記述はない**。

平安末期になると貴族の力は衰え、武士が時代の主役になっていく。1160年に起きた平治の乱は、その象徴的な出来事となった。（『平治物語絵巻』より・国立国会図書館蔵）

なぜならば、「鎌倉幕府成立＝鎌倉時代の始まり＝1192年」という説に対し、別のいろいろな考え方が出てきたからだ。

現在の主流は1185年説

鎌倉幕府が成立したのはたしかに1192年だが、源頼朝を頂点とする政治のシステムが完成したのは1185年である。

この年、国には国司、荘園や公領には地頭が置かれた。これにより頼朝の全国統治が実現したのだから、鎌倉時代はこの年に始まったといってもいいだろう。

じつは現在では、この**「1185年が鎌倉時代の始まり」説がもっとも一般的**であり、歴史の新しい常識として定着しつつある。

ただし、これには異論もある。

そもそも「幕府」という言葉には「将軍のいるところ」という意味がある。頼朝が征夷大将軍になったのは1192年だ。ということは、この年に初めて幕府が存在し始めたといえる。だから鎌倉幕府の成立は1192年という考え方は今も生きている。

当たり前のことだが、源頼朝は鎌倉時代の始まりを宣言したわけではないし、当時は「鎌倉時代」という言葉もなかった。これは歴史を学ぶうえで後年に考えられた便宜上の表現なのだ。

ちなみに1192年説は、江戸時代の国学者塙保己一《はなわほきいち》が、「頼朝の征夷大将軍就任をきっかけに鎌倉時代が始まった」という考え方からとなえたものだ。それが長い間、教育の現場で生かされてきたのだ。

諸説ある鎌倉幕府の始まりの年

ほかには、**1180年**に始まったとする説がある。各地で挙兵し、実力をつけた頼朝は、この年の10月に鎌倉に入り翌月に侍所を設置した。これにより南関東一円を拠点とする確固たる政権が完成し、武家支配の時代が始まったからだ。

また、**1183年説**もある。この年の10月、頼朝は「東国支配権獲得」の宣旨を出した。こ

1185 年は壇ノ浦の戦いがあった年でもある。源平の争いに終止符が打たれたこの年をひとつの区切りとする説が現在では優勢だ。（『源平合戦図屏風』より）

れにより、実質的な「源頼朝の時代＝武士による支配」が始まったとする考え方だ。

さらに、**１１９０年**という説もある。

これは頼朝が右近衛《うこんえの》大将《だいしょう》に就任した年だ。近衛大将とは宮中警護を司る長官のことだが、「幕府」という言葉は、この近衛大将、または近衛大将が居住する館をさす言葉でもあった。つまり、この年に初めて鎌倉幕府が成立したという考え方である。

鎌倉幕府の始まりをいつにするかという問題は、じつはとても難しいのだ。

そんななか、政治的に大きな転換期ということで考えると、やはり守護・地頭が設置された１１８５年が実質的な鎌倉幕府の始まりであり、中世のスタートであるという説が広く受け入れられているのだろう。

古い常識

源頼朝の顔は有名な肖像画で見ることができる

新常識

「源頼朝像」は頼朝の肖像ではないかもしれない

頼朝とされてきた肖像画への疑問

源頼朝といえば、長細い顔に上唇に沿った長いヒゲ、キリリとした涼し気な目元が印象的な姿を思い浮かべる人は多いだろう。

これは、京都の神護寺に伝わる肖像画**「神護寺《じんごじ》三像」**のうちの1枚で、肖像画の最高傑作といわれているものだ。歴史教科書の「鎌倉幕府の成立」の章などでも、源頼朝を紹介するのに欠かせない史料となってきた。

ところが、今はこの肖像画に添えられた説明文が変化している。かつては「源頼朝像」だったのが、**「伝源頼朝像」**や**「源頼朝と伝えられる肖像画」**となっているのだ。

なぜかというと、美術史や歴史研究によって通説に疑問が生じてきたからだ。

大英博物館にも似たものがあるが…

そもそもこの肖像画の人物が源頼朝だとされた根拠は、南北朝時代に記された『神護寺略記』にあった。

それによると、神護寺には後白河法皇が建てた仙洞院があり、そこには後白河法皇の肖像画を囲むように源頼朝、平重盛、藤原光能《みつよし》、平業房《なりかね》の肖像画が飾られていたという。作者はいずれも藤原隆信となっている。

このうちの後白河法皇を描いたものは複写だけが残っており、平業房の肖像画は現存していない。

そのため、残る三像のモデルはそれぞれ源頼朝と平重盛、藤原光能とされ、それが通説と

「源頼朝像」とされてきた肖像画

右が平重盛像とされる肖像、左が藤原光能とされる肖像。

なってきたのだ。

また、1897（明治30）年にはじめて国宝（旧国宝）が指定された際に、神護寺三像もそのひとつに選ばれたのだが、のちにそのことについてまとめられた文部省編『日本国宝全集』にも「源頼朝像」と記載されている。

さらに〝裏づけ〟とされたのが、イギリスの大英博物館が所蔵する「源頼朝像」という作品だ。

これは神護寺に伝わる頼朝像を模写したもので、サイズはやや小さいものの、構図やモデルはまったく同じだ。

これが鎌倉時代末期の作品で、タイトルも「源頼朝像」となっているのだから、神護寺の肖像画は鎌倉時代初期に描かれた源頼朝で間違いないだろうということになっていた。

本当のモデルは足利直義？

しかし、神護寺の三点の肖像画のモデルを特定するにはどれも根拠が曖昧だ。そのため、専門家の間では戦前から通説に異論をとなえる者がいないわけではなかったのだが、教科書には通説のまま掲載されてきた。

そこに、1995（平成7）年になって、美術史家によって新説が発表された。源頼朝像と伝わる肖像画は、じつは足利尊氏の弟で室町幕府の創設期の最高指導者だった**足利直義**だというのだ。

また、肖像画が描かれたのが通説のように鎌倉時代初期であれば、描かれている衣裳や武具の形、使われている絹の幅広さから推測すると作成年代が合わないという。

さらに、決定的だったのは**『足利直義願文』**の存在だ。

この文書は、足利直義が神護寺に宛てたもので、京都御所の東山御文庫から発見された。この願文によると、直義と兄の尊氏の肖像画を神護寺に納めたと書いてある。

肖像画が伝わる神護寺の金堂（©663highland and licensed for reuse under Creative Commons Licence）

日付は「康永4年」とある。康永4（1345）年というと、室町初期の南北朝時代だ。王権が2つに分裂した動乱の時代であり、北朝は室町幕府初代将軍の尊氏とその弟の直義が両頭体制で支配していた。

この両頭政治が安定することを祈願して、2人の肖像画を神護寺に奉納した。それが三像のうちの2枚だというのだ。

たしかに、源頼朝とされる像と平重盛とされる像は顔がよく似ていて、兄弟だという説には説得力がある。

そして、もう1枚の藤原光能とされる肖像画は、新説では尊氏の子で2代将軍の足利義詮《よしあきら》とされた。

足利の紛争が原因で肖像画が変わった？

この仮説を成り立たせたのが、足利政権内で起きた紛争だ。

室町幕府が成立すると尊氏と直義は両頭体制で政治を仕切ったが、数年間で関係は悪化して内紛に発展する。これに勝った直義は、今度は尊氏の子である義詮と組み、新たな両頭体制の成功を祈って、義詮の肖像画を神護寺に奉納したというのだ。

この時、先に奉納されていた尊氏の肖像画は下ろされることになった。その際に絵は畳まれたのか、尊氏のものとされる肖像画には、**ほかの2枚にはない折りジワ**が確認できるのだという。

新説をとなえる専門家の見立てによると、義詮とされる肖像画は他の2枚よりも数年～数十年経ってから制作されたという。そうなると、新たな両頭体制を祈願して描いて奉納されたという仮説の裏づけともなる。

ただ、これら神護寺三像のモデルはいったい誰なのかについてはまだまだ論争中で、新説への反論も根強い。

決着がつくまでは、今しばらく「伝源頼朝像」「源頼朝と伝えられる肖像画」として紹介され続けるだろう。

足利尊氏の肖像とされる絵画。しかし、これも確実に尊氏のものと確定しているわけではない。

古い常識

鎌倉新仏教は
鎌倉時代に
広まった

新常識

「鎌倉新仏教」は室町時代に広まった

初期の仏教は権力者だけのものだった

大陸から日本に仏教が伝来したのは飛鳥時代のことだ。今では寺はさまざまな人の葬儀や供養を取り行っているが、その当時の仏教は**皇族や有力氏族のためのもの**で、一般の庶民には縁遠いものだった。

奈良時代になっても仏教は国家の安泰を祈願するためのものであり、わずか一握りの上級貴族の学問のための存在だった。しかも、国から手厚く援助された仏教界は大きな権力を持つようになる。

その代表が道鏡で、孝謙天皇の寵愛を受けて政界に進出した道鏡は、僧侶でありながら政治

東大寺の大仏は聖武天皇の一大プロジェクトで、開眼供養会には仏教界のエリートたちが集まった。（『東大寺大仏縁起絵巻』より）

を取り仕切った。さらに、一時は天皇の座にまで上りつめようとしたが、高官に阻止されて失脚している（67ページ参照）。仏教によって、政治まで堕落していたのだ。

そんな仏教界を見かねた桓武天皇は平安京に都を移し、新しい仏教を学ばせるために最澄と空海を唐に送る。

その後、帰国した2人はそれぞれ天台宗と真言宗を開いたのだが、それでもやはり仏教は国や貴族のものという状況にほとんど変わりはなかった。

僧侶は「官僧」という国家公務員的な立場にあり、国家の祈祷がその主な役割だったのだ。

しかし、鎌倉時代に入ると仏教界に転機が訪れる。

法然の浄土宗や親鸞の浄土真宗、日蓮の日蓮宗、道元の曹洞宗など、のちに**「鎌倉新仏教」**と呼ばれることになる6つの宗派が次々に誕生し、仏教が民衆にとってぐっと身近な存在になるのだ。

暗黒の時代に登場した6つの仏教

平安時代までの仏教は、高い教養をもって経典を読み解き、厳しい修行に耐えて超人的能力を身に着けなければ悟りの境地は開けないとしていた。

だが、鎌倉新仏教の教えはもっとシンプルだった。**ただ仏を祈り念仏をとなえれば、出家などしなくても万人が救われる**と説いたのだ。

なぜこのような仏教が誕生したのかというと、その背景には平安時代末期に世の中を不安に陥《おとしい》れた**末法思想**があった。

平安時代末期の日本は、立て続けに大地震や富士山の噴火などの天災に見舞われ、飢饉が起こり、さらに京都では天然痘が流行するという暗黒の時代だった。

しかも、国家安泰を祈るはずの仏教界では**激しい勢力争い**が起こっていて、奈良の興福寺の僧兵が東大寺を襲うという事件も起こる。また、当時は釈迦が亡くなってからちょうど2000年が経つ頃だったことから、「今後1000年は釈迦の教えが衰え、悟りを開く者はいなくなる」という暗い思想が広がっていったのだ。

この混乱の時代に育った新仏教の開祖らは、一般庶民を救済するために立ち上がった。新しい仏教の教えは誰にでもわかりやすく、実行しやすかったため多くの人々の心をとらえ、武士や一般庶民の間に一気に仏教が広がっていったのだ――このように歴史の授業で習った人もいるのではないだろうか。

新仏教が広まったのは室町時代

それまで天皇や貴族といった一部の人のためのものだった仏教が、大衆救済に開かれたのだから、鎌倉新仏教が一気に広まったと考えるのも自然なことだ。

ところが実際は、教科書に1、2行でサラリと記載されていたほど一気に広まったわけではなかったようだ。

たしかにこの時代、6つの新仏教が誕生したが、それまで強大な力を誇っていた仏教界をしのぐほどの勢力になったわけではない。既存の勢力が新興勢力をそう簡単に認めるはずもないことは、現代

安元の大火（1177年）の様子。この火災で都の3分の1が焼けたという。（『方丈記之抄』より）

一遍は念仏をとなえながら踊る「踊念仏」を広めた。(『天狗草紙』より)

を生きる私たちにも想像がつくだろう。しかも新仏教を誕生させたのは、官僧出身の人々だった。たとえば、法然や親鸞はもともと延暦寺に所属していた官僧だ。

しかし、その頃の官僧の世界はもはや俗世と同じだった。皇室や貴族などの特権階級の子弟は上級の僧にまでスピード出世できるが、貧しい家庭の出身であれば、どんなに修行を積み、才能があっても下級の僧のままだった。

官僧がいかに俗化していたかについては当時の資料を見ても明らかで、官僧の世界から離れて修行を積む僧は「遁世僧《とんせいそう》」と表現されている。

これは、俗世を離れて修行することであり、二重に出家してようやく俗世から離れることができたということにほかならない。

このような現実に不満を持ち、**官僧らと対立した僧が新仏教を見出していった**のだ。

法然は、「南無阿弥陀仏」ととなえれば女性も含めてすべての人が往生できるととなえた。(『法然上人絵伝』より)

そのため、新仏教の開祖たちは攻撃と弾圧を受けた。特に、「念仏をとなえるだけで極楽浄土に行ける」と説いた法然はたびたび攻撃や批判にさらされた。生まれたばかりの新仏教は異端であり、鎌倉時代を通して圧倒的な力を持っていたのは旧仏教だったのだ。

だから、鎌倉時代に新仏教が誕生するや一気に信者を獲得したというのは誤った認識ということになる。

新仏教が広まって、旧仏教の勢力をしのぐようになるのは室町時代になってからという説がある一方で、独自の宗派として認められるようになったのは江戸時代だとする専門家もいる。鎌倉新仏教は、誕生した当時は新宗派というよりも、新たな〝思想潮流〟でしかなかったとする歴史教科書も出てきている。

いずれにしても、新仏教が生まれてから民衆に広まるまでにはかなりの時間がかかっていたのである。

古い常識

神風が吹いたおかげで元寇を撃退できた

新常識

九州地方の武士の尽力が元寇を退けた

「神風」の記述は教科書から消えた

鎌倉時代に起きた2度にわたるモンゴルの襲来を「元寇」というが、いずれも元軍は日本侵略という目的を果たすことなく撤退している。この際、「神風」が吹いて、元の船団は逃げ帰ったと歴史の授業でも教えられてきた。

しかし、現在の教科書には「神風」の記述は見当たらない。元寇の失敗は、元軍の内部分裂や高麗などの抵抗、**九州地方の武士による守りの堅さ**が原因であると明記されているのだ。

当時のモンゴルでは、チンギス＝ハンの孫である**フビライ＝ハン**が第5代モンゴル帝国皇帝として国を治めていた。フビライは1271年には国号を元として都を大都（今の北京）に移し、

蒙古襲来を描いた錦絵（揚州周延画）

周辺各国への遠征を行い、1276年には南宋を滅ぼして中国を支配した。

元軍の力は強大で、フビライは朝鮮半島の高麗を服属させた後で、日本に対しても朝貢を求めた。

これを幕府の執権だった北条時宗が拒否したことが、最初の元寇である「文永の役」の発端となったのである。

元軍の内紛や疲労が敗北を招く

1274（文永11）年、元軍は高麗軍も合わせたおよそ3万の軍勢で、対馬・壱岐を攻め上がり、炸裂弾などの近代的な武器を使って九州の博多湾に上陸した。

元軍の戦法は当時の大陸では一般的だった集団戦

で、個人単位の戦闘方法が主流だった鎌倉時代の武士たちにとっては戦いづらいものだった。日本軍は元軍の勢いに押されて九州の太宰府あたりまで退却する事態となったのである。

しかし、圧倒的に優勢に見える元軍だが、そう単純な話ではなかった。

たとえば3万人もの兵士というのは、動きを統率するのに時間がかかるというデメリットがある。船から陸地に兵士を上げるだけでもかなりの時間を要するため、1日かかっても数千の兵士を上陸させるのがやっとだったはずだという。

そのせいで迎え撃つ日本側の軍に防衛の時間を与えることとなり、上陸する際に攻撃されやすかったことは想像できる。つまり、けっしてスムーズな上陸とはいえなかったと考えられるのだ。

これまで文永の役は神風が吹いて1日で終わったという説が一般的だったが、実際は10日間ほどかかっているようだ。

また、文永の役が起きたのは、現在の太陽暦であれば11月26日で、冬に差しかかる頃である。もし風が吹いたとすれば、元軍を襲ったのは**冬の玄界灘に吹いた冷たい風**だったはずだ。比較的温暖な気候とはいえ、11月下旬の最低気温は10度を下回る。

大軍ゆえの動きの悪さから上陸に時間がかかっていたうえに冷たい風にさらされたのであれば兵は疲弊する。その結果、内部対立などの混乱も生じてしまい、元軍は自発的に撤退を決めたのである。

教訓をもとに守りを固めていた日本

二度目の元寇である「弘安の役」が起こったのは、1281（弘安4）年のことだった。

元軍は14万もの大軍で博多湾岸からの上陸を試みた。しかし、すでに日本は文永の役の教訓から九州北部の**守りを強化していた**。要所の警備役として異国警固番役を置き、博多湾沿いに石造りの防塁を設置して、再度のモンゴル軍襲来に備えていたのである。

日本の守りに阻まれて博多湾から上陸できなかった元軍は志賀島《しかのしま》に上陸するも、撃退された。その

上：『蒙古襲来絵詞』に描かれた防塁
下：復元された防塁

後もなかなか本格的な上陸ができないまま1ヵ月ほどの月日が経ってしまう。そこに今度は台風が襲ったのだ。

弘安の役が起きたのは8月で**台風シーズンの真っただ中**だ。長期戦で疲弊していた元軍の船の大半が沈み、兵は次々と溺死してしまう。結局、元軍はまたしても撤退を余儀なくされたのである。

弘安の役の際に元軍の撤退を決定づけたのはたしかに暴風雨ではあるが、果たして神風による撤退というほどのインパクトがあったかといえば疑問だろう。

描き足された「唯一の資料」の信憑性

また、資料についても、従来のものとは異なる説がとなえられている。

元寇といえば必ずといっていいほど教科書などに掲載されている資料に**「蒙古襲来絵絵巻」**がある。これは宮内庁三の丸尚蔵館所蔵の絵巻で、日本の騎馬武者が火器を使って戦う元軍と対峙している様子が描かれている。現存する元寇の絵巻は唯一これだけという事情から、ほとんどの教科書に採用されている。

じつは、この資料には**のちの時代に書き加えられた痕跡**があるのだという。

矢印の先に描かれているのが「てつはう」。（『蒙古襲来絵詞』より）

元軍が**「てつはう」**と呼ばれる火薬を用いた火器を利用して日本軍を苦しめたという説の根拠の一つになっているのが上の絵だが、絵の中の「火器を操る兵士を含めた3人の元軍の兵士」は、江戸時代に修復された際の書き込みだというのだ。

もしそれが事実だとすると、この絵には当初、逃げていく元軍兵と騎馬で追う日本兵だけが描かれていたことになる。

この絵を描かせたのは、絵の中に騎馬武者として登場する竹崎季長《すえなが》であり、みずからの武功を残すために描かせたとするならば、日本の騎馬武者がより勇ましく描かれているほうが自然だといえるだろう。

数々のエピソードや資料の分析から、2度の元寇を退けたのは偶然の「神風」ではなく、多勢に無勢という状況であっても元軍の侵攻を阻んだ鎌倉時代の武士たちの功績によるものであると推察できるのだ。

古い常識

日本人の集団「倭寇」が海賊行為を行っていた

新常識

「倭寇」は日本人だけでなく多国籍の集団だった

かつての定義は「日本人による犯罪集団」

鎌倉時代の中頃に、いわゆる「元寇」と呼ばれる歴史的大事件が起こった。その後、13世紀から16世紀にかけて、ある集団が中国大陸沿岸や朝鮮半島周辺などで騒ぎを起こすようになる。それが「倭寇」だ。

倭寇について、かつての教育現場では次のように教えていた。

元寇が終わったあと九州地方や瀬戸内海沿岸に住む武士や漁民たちは、集まって船で朝鮮半島や中国に渡り、そこの住民に貿易を強要したり、海賊行為を働いて物資を強奪するような行為をした。こういった者たちを、朝鮮や中国の人々が倭寇と呼んで恐れた。

火を放った家屋から略奪をする倭寇（『倭寇図巻』より）

この考え方だと、倭寇とは**「海賊行為を働いた日本人たち」**という定義になる。つまり、倭寇とは日本人による犯罪集団だと考えられていたのだ。

しかし最近の教科書では、海賊行為を働く倭寇の注釈として、日本人以外の人々も多くいたことが書かれている。

かつて日本史の授業で当然のように教えられていた「倭寇＝日本人」という常識が、今や変わろうとしているのだ。

前期倭寇と後期倭寇の違い

倭寇は、その活動時期によって前期倭寇と後期倭寇に分けられる。

前期倭寇が活動し始めたのは、1350（観応元・正平5）年前後といわれる。対馬・壱岐・肥前松浦

足利義満

などを拠点とした海賊が、朝鮮半島や中国沿岸にまで出かけて略奪行為を働いていた。

この時期の倭寇はおもに日本人だったといわれており、瀬戸内海沿岸や北九州に住む日本人が船で中国や朝鮮半島方面へと向かったとされる。高麗人も多少は含まれていたと思われるが、日本人の蛮行として恐れられていたのだ。

被害を受けた明や高麗は、足利氏に倭寇を取り締まるように求めた。しかし国内はちょうど南北朝の動乱期であり、倭寇の取り締まりにまで手が回らなかった。

そのうち南北朝が安定し、足利義満が明との勘合貿易を始めると海上交通も充実していく。また、日本と明との間に勘合貿易が始まり、李氏朝鮮も対馬を中心とした貿易を始めるなどしたために、倭寇の活動は一時的に収束した。

ここまでが前期倭寇といわれる。

その後、勘合貿易が途絶したのをきっかけに、国家が管理する貿易が一気に衰退する。すると、**中国人の密貿易商人たち**が活動を活発化させたのだ。彼らは日本人の格好をすることで日本人

描かれた倭寇にはさまざまな特徴を持つ人物が描かれている。（『倭寇図巻』より）

になりすまし、かつての前期倭寇のような海賊行為をするようになるのである。

これが後期倭寇だ。

その行動は、16世紀になってかなり活発になったが、なかには中国人だけでなく**ポルトガル人**なども含まれており、日本人もいたと考えられている。その行動範囲は、東シナ海や南洋などかなり広範囲だった。

つまり、倭寇は日本人だけによる海賊行為だったのではなく、長期にわたって、さまざまな地域の人たちが行っていたのだ。

現在はこのような考え方が主流となったために、教科書での倭寇の説明にも日本人だけではなかったという注釈がつくようになった。

前期倭寇も日本人だけではなかった？

さらに、前期倭寇についても認識が変わりつつある。

特筆すべきは、その規模だ。

1350年以降から1300年代末までに活動した倭寇は、一度の活動でおよそ300～500隻もの船団を組み、1000騎以上の騎馬隊や数千もの歩兵を従えていたといわれる。これはかなり大規模なものだ。

しかも、それだけの船団が朝鮮半島や中国大陸沿岸部まで渡って活動するのである。日本の漁民たちだけでそれを実行できたとは考えにくい。

つまり、「前期倭寇は日本人だけの集団だった」という説も疑わしくなってくるのだ。

さらに、朝鮮王朝の官人の上書に、**高麗人が倭人の服装をして集団を組んでいた**という記述があるのがわかっている。これらのことから現在では、前期倭寇は日本人と朝鮮人が手を組んだ集団だったと考えられるようになった。

「倭人」とはなにか

ただし、これには異論もある。その根拠は**「倭人」という言葉の解釈**だ。

純粋な日本生まれで日本育ちでなくても、両親は日本人だが朝鮮の地で生まれ育ったのであれば当時は「倭人」と呼ばれていた。つまり、倭人と朝鮮人との区別を厳密にするのは難しい

海上で戦う倭寇（『倭寇図巻』より）

のである。

その点を考慮すると、実際に海賊行為を働いていた人々をどこの国の人間かを特定するのも困難になる。

もともと海に面した地域で栄えた海洋文化では、国籍よりもその人間の出自が重んじられることも多く、そういった事情が記録へも影響したことはおおいにあり得る話だ。

こういった事情から、前期倭寇については、いったいどのような人々がいたのか、いまだに明確な結論は出ていない。

しかし、国内の混乱を背景にして国家を超えたつながりを持つ人々が、近海で活動を繰り広げていたことはたしかだ。

なお、この倭寇は実力者のひとりといわれた明の王直が捕えられたのをきっかけに、しだいに活動が衰退していき、1588（天正16）年の豊臣秀吉の海賊取締令を機に終焉を迎えている。

古い常識

日野富子が私欲にまみれた結果応仁の乱が起こった

新常識

日野富子は有能な政治家だった

応仁の乱の原因をつくった人物？

日本の歴史上で三大悪女といえば、北条政子、淀殿（豊臣秀吉の側室）、そして日野富子と相場は決まっている。

このうち日野富子に対する評価が近年、大きく変わってきた。その**政治家としての手腕**が評価されるようになったのである。

そもそも、彼女はなぜ悪女と呼ばれたのだろうか。

富子は1440（永享12）年、足利将軍家と姻戚関係を持つ公家である日野家に生まれ、16歳になった年に室町幕府第8代将軍・足利義政の正室となった。しかし義政は道楽者で、ほと

日野富子像（宝鏡寺所蔵）

んど政治に関わらなかった。代わりに政治を動かしていたのは、義政の乳母の今参局《いままいりのつぼね》と将軍の近習だった有馬持家、そして生後間もない義政を養育した公家の烏丸資任《からすまるすけとう》の3人だった。

義政に嫁いで3年後、富子は待望の第一子を出産するが、すぐに死んでしまう。すると富子は、これを今参局の呪いのせいだと言い張って今参局を島流しにして自害に追い込み、さらに義政の側室4人も追放してしまう。

その後、富子にはなかなか男子が生まれなかったために、義政の実弟で僧侶だった義視《よしみ》を還俗《げんぞく》（俗人に戻ること）させて後継者とした。

ところが1465（寛正6）年に富子は男子を出産、義尚《よしひさ》と名づけた。富子は、この義尚に将軍を継がせたいと考え、有力守護大名だった**山名宗全**と手を結んだ。

これに対し、義視も守護大名の**細川勝元**を後ろ盾としたために、両者は対立。この対立が1467（応仁元）年に勃発した**「応仁の乱」**の大きな要因となる。

つまり、幕府の実権が失墜し、戦国時代で最悪の戦となった応仁の乱を引き起こし、京都を焼け野原にした張本人こそが日野富子である、というのが歴史の評価なのである。

また、応仁の乱の間も、政治の腐敗に乗じて富子は多額の賄賂を手にしたり、京都に通じる街道に関所を設けて関税を課したり、高利貸をするなどして私腹を肥やした。

つまり、権力を乱用して蓄財に励んだ強欲な女、というのが日野富子＝悪女の評価を創り出してきたのである。

ところが、そんな日野富子の評価が変わりつつある。近年では、日野富子は世間でいわれているような悪女ではなく、**優れた政治家**だったととらえられているのだ。

応仁の乱の長期化の本当の理由

たとえば、富子に男児が産まれないために義政の弟の義視が次の将軍に決まっていたが、その翌年についに男児が産まれ、その義尚を後継者とするように画策したことが結果的に応仁の乱の要因とされてきた。

応仁の乱（『真如堂縁起』より）

しかしいくら富子でも、産まれたばかりの義尚を後継者とするはずがない。実際、富子は実の妹を義視に嫁がせているが、これは義視との関係を深めるためであり、それはとりもなおさず、次の将軍は義視だと考えていたからなのである。

このことから、富子が山名宗全に依頼して挙兵させたという説には疑問符がつく。現在では、もともと山名宗全に幕府へのクーデター計画があり、それが発端となって応仁の乱へと展開したのではないかという説が注目されているのだ。

では、応仁の乱が長期化したのはなぜか。

当初、義政は義視に対し、山名宗全の西軍に対抗するために東軍の大将になるように命じた。ところが西軍が優勢となると、義視は自分の責任回避のために西軍に寝返ったのである。これが原因となり、戦は混沌として11年もの長い戦いになったのだ。

経済力を利用して社会秩序を守った

また、富子が私利私欲のために莫大な金を溜め込んだともいわれているが、これにも異説がある。近年は、この金を富子は、応仁の乱の後の政治の立て直しのために使ったと考えられているのだ。

1473（文明5）年、勝元と宗全が亡くなり、応仁の乱はようやく終息に向かい始める。義政も引退し、まだ9歳だった義尚が9代将軍に就任すると、富子はその後見人となった。そして大名に金を貸し付けることで、莫大な金を手にするのだ。金額は現在の貨幣価値に換算して70億円ともいわれる。

その金を富子は**大名の帰国費用として貸し与えたり**、応仁の乱の際の敵味方に関係なく**領地や官位の斡旋のために使った**のだ。

また、**天皇家に対しても金銭的な援助を惜しまず**、天皇家との関係を良好に保つという重要な役割を果たしていたともいわれる。

応仁の乱は1477（文明9）年に完全に終結したが、その後も権力をめぐる混乱と戦は続

足利義尚

16世紀前半の室町幕府の将軍邸（『洛中洛外図屏風』より）

いた。義尚は六角氏を討伐するために挙兵し、富子の次男の義稙《よしたね》もまた、六角氏討伐に加担した。

さらに１４９３（明応２）年には細川政元が挙兵し、将軍義稙を討とうとした。

このような政治の混乱の中で、富子は、将軍義澄《よしずみ》に大名たちからの支持を受けることでしか平穏な秩序は生まれないことを諭したといわれる。

多くの権力者が入り乱れ、権謀術数が飛び交った戦国時代に、日野富子は「悪女」というトリックスターとして祭り上げられた。しかし実際には、経済力を積極的に利用して天皇家や大名たちとの関係を保つことに奔走したのだ。

時代の移り変わりを客観的に見つめ、平穏な時代が到来することを願って行動した優れた政治家だったのではないかというのが現在の評価なのである。

古い常識

戦国時代は応仁の乱によって始まった

新常識

戦国時代は「享徳《きょうとく》の乱」によって始まった

京都と関東の2大勢力

戦国時代の幕開けとなる戦いといえば、１４６７（応仁元）年に起こった「応仁の乱」であるというのが長らく定説とされてきた。しかし近年、この説に異論がとなえられ始めている。

その中のひとつが、戦国時代は京都を舞台とした応仁の乱ではなく、**東国鎌倉を舞台にした「享徳の乱」**により始まったというものだ。

山川出版社から発行されている『詳説日本史 改訂版 日本史B』（２０１９年発行）の記述によれば、「１４５４（享徳３）年に（足利）成氏が上杉憲忠を謀殺したことを発端として享徳の乱がおこった。これ以降、関東は戦国の世に突入した」となっている。（（）内は筆者注）

鎌倉公方の公邸の様子。左上に描かれているのが足利持氏。（『結城戦場物語絵巻』より）

日本の朝廷は長らく京都に置かれており、将軍や幕府も京都にあったことから、日本の中心である京都で起こった応仁の乱が戦国時代の始まりとみる向きがこれまでは一般的だった。

しかし、関東の武家勢力は、完全に幕府の下に統率されていたわけではないという考え方もある。研究者によっては、**京都と関東の2大勢力という構図**で当時の日本を分析しているのだ。

鎌倉に対する幕府の思惑

室町幕府は、関東地方を治めるために**鎌倉府**を置き、その長官として**「鎌倉公方《くぼう》」**という役職を設け、間接的に統治する形をとっていた。

しかし1438（永享10）年、6代将軍足利義教《よしのり》は、権力の強化のために関東地方に攻め込み、当時の鎌倉公方だっ

足利持氏の自害の様子（「結城合戦絵詞」より）

た足利持氏《もちうじ》を討ったのである。

きっかけは持氏と関東管領《かんれい》であった上杉憲実《のりざね》の対立だったのだが、足利義教は関東地方で勢力を増していた持氏を封じるために上杉氏に加勢した。これは「永享《えいきょう》の乱」と呼ばれ、この時に鎌倉府はいったん消滅した。

ところがその3年後、有力守護だった赤松満祐《みつすけ》が将軍足利義教を殺害するという「嘉吉《かきつ》の変」が起きる。

この頃から室町幕府の権威は揺らぎ始め、各国の武家勢力の動きも不穏なものになっていくのである。

その後、1449（宝徳元）年、足利義政が将軍職に就くと鎌倉府は再興され、持氏の子である成氏《しげうじ》が鎌倉公方の任に就いたが再び上杉氏と対立し、それが「享徳の乱」へとつながっていくのだ。

ついに始まった応仁・文明の乱

1454（享徳3）年、足利成氏は上杉憲忠を自分の屋敷に招いた挙句に殺害し、上杉邸にも夜襲をかけた。知らせを聞いた義政は「上杉を援助し、成氏を討伐する」という方針を固めて、鎌倉の上杉氏に加勢するために兵を送った。ここで再び、関東を舞台とした**「鎌倉府vs.室町幕府」**という勢力争いが勃発したのだ。

幕府としては、関東を治めるために置いていた鎌倉府が上杉氏との争いに勝つことによって勢いを増し、幕府を脅かすような存在になられては困るのだ。

義政が差し向けた軍によって鎌倉が占拠されると、成氏は拠点を下総国《しもうさのくに》（現在の千葉・茨城県）の古河《こが》に移した。

上杉氏は義政の弟・政知を関東の公方として迎えたものの鎌倉には入れず、伊豆の堀川に拠点をおいた。

両陣営は決定打を欠いたまま、利根川を挟んで30年近く勢力争いを続けることになったのである。

成氏討伐も失敗に終わった幕府の勢いはよりいっそう弱まってしまうのだが、そんなタイミングで起きた将軍家の跡目争いを発端として、**細川勝元**を中心とした東軍、**山名宗全**を中心とした西軍の戦闘が京都で始まった。

この争いが、世にいう「応仁の乱」である。この呼称も、10

細川勝元（右）と山名宗全（左）

年続いた戦いのほとんどが「文明」と改元された後に起きているため、現在では**「応仁・文明の乱」**とされている。

応仁・文明の乱は、幕府軍の勢力が弱まっていく流れの中で起きた大きな内乱のひとつに過ぎず、この流れは13年前の享徳の乱に端を発していたとも考えられるのだ。

戦国時代の始まりは関東から？

享徳の乱によって関東は群雄割拠の戦国時代に突入し、足利氏、上杉氏も内部分裂などを繰り返して混乱を極めた。その隙に乗じて京都から北条早雲が進出してきた結果、北条氏は小田原を本拠地として関東の大半を支配することになる。

小田原を支配した北条氏といえば、天下統一をめざす豊臣秀吉との激闘が知られている。おびただしい数の死者を出した凄惨な小田原攻め（１５９０〈天正18〉年）をもって秀吉の関東制圧は完成し、それによって戦国時代は終結を迎えるのである。

つまり、日本の統一を前にして日本中が戦場となった戦国時代は、関東で起きた享徳の乱をきっかけに始まり、小田原で終結を迎えたということもできるのだ。

4章　戦国時代の新常識

古い常識

謙信と信玄は川中島で一騎打ちで戦った

新常識

謙信と信玄の一騎打ちはなかった

誰もが胸躍らせる直接対決だが…

「川中島の戦い」といえば、戦国時代を代表する2人の武将が激突した有名な戦いである。

甲斐国（現在の山梨県）の戦国大名である**上杉謙信**と、越後国（現在の新潟県）の戦国大名である**武田信玄**の軍は、現在の長野市にある川中島で何度も戦いを繰り広げた。

北信濃の奪い合いが原因だったこの戦いは、戦国の名勝負のひとつとして語り継がれており、小説や映画の題材として何度も取り上げられている。

なかでもとくによく知られているのは、謙信と信玄とが直接対決をしたとされる場面だ。

現在、川中島古戦場跡には、2人の武将がまさに一騎打ちをしている様子が銅像で再現され

川中島古戦場史跡公園にある一騎打ちの像。『甲越信戦録』の記述に基づいてつくられた。（@ tsuch / PIXTA）

ている。

床几《しょうぎ》に腰掛けた信玄が、馬上から切りかかる謙信の刀を軍配でガシリと受け止めようとしている迫力ある像を見て、多くの人が、それが現実に起こったことだと信じるのも無理はない。

しかし戦国時代に詳しい人であれば、戦場において**大将同士が顔を突き合わせて直接戦うことはあり得ない**ということは知っている。

たしかに、戦国時代を代表する2人の武将が直接対決する姿には誰もが胸躍るものだが、それは史実ではない。

信憑性に乏しい『甲陽軍艦』

現在では、川中島での一騎打ちはなかった

というのが定説になっている。銅像で描かれている場面は、あくまでも想像の一場面なのだ。

では、実際には川中島で何があったのだろうか。

両軍合わせて8000人近くの死者を出したといわれる日本史上最大の合戦のひとつでありながら、残念なことに、川中島の戦いの詳細を伝える史料はほとんど残されていない。そのため、本当は何が起こったのかを正確に知る手がかりはないのだ。

現在、一般的に知られている戦いの様子は、軍記書の**『甲陽軍艦』**に書かれた内容にもとづいている。ただその信憑性については明治時代から疑われており、現在では信じるに足る史料としてはとらえられていない。

しかし、数少ないほかの史料から限られた情報を得ることで、川中島の戦いの詳細が少しずつ明らかになってきた。一騎打ちこそなかったものの、有力な戦国大名が全力を尽くした真っ向勝負だったことは間違いないようだ。

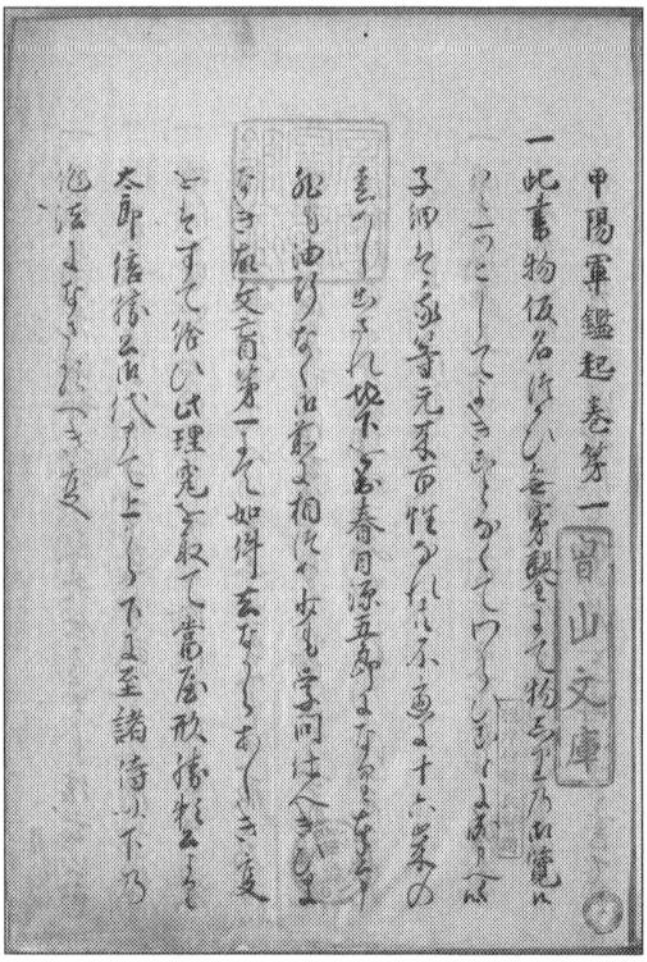

『甲陽軍鑑』は武田氏の戦術などを記した読み物で、史実に基づいていない記述も多いとされる。

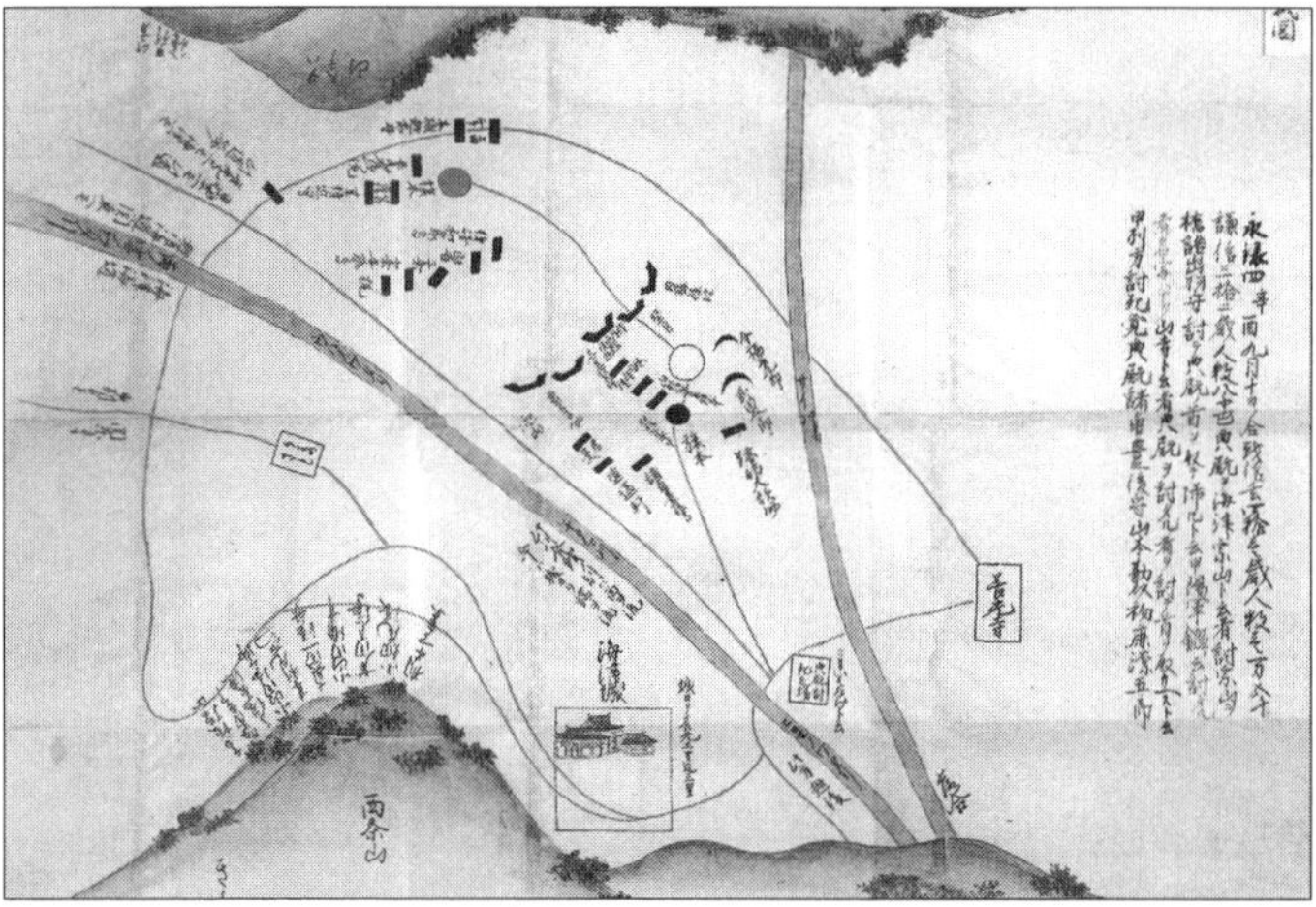

第四次川中島合戦の図。左下が妻女山で、下中央の四角い枠の中に信玄のいた海津城が描かれている。上杉軍の一隊は左手に大きく迂回して武田軍を避けた。

第4次川中島の戦い

両者が相対したのは、1533（天文2）年の第1次合戦から、1564（永禄7）年までの計5回だった。

このうち、いわゆる川中島の戦いというと、1561（永禄4）年に行われた4回目の**最大の激戦**のことをさすのが一般的だ。

この戦いで、上杉方は妻女山《さいじょさん》に陣を構えた。これに対し、武田方は茶臼山からさらに海津城へと入った。

この状況だと上杉方は退路がなく、戦況としては不利に思われた。そこで武田方は一気に攻め込み勝負を決める作戦に出た。

ところが、それは謙信による罠だった。武田方は軍勢をふたつに分けて、そのうちの一隊で妻女山を直接攻めた。そして上杉方の本隊がそれに耐えきれず下山すると見越して、もう一隊でそれを待ち受けた。

しかしそれを見抜いていた謙信の本隊は、夜にまぎれて先に山を下り、下で待ち構えていた武田の本隊に襲い掛かった。これこそが、両者の最大の衝突だったのだ。

直接対決の伝説はあまりの混戦から生まれた？

武田は軍勢をふたつに分けていたので、数の上で劣勢だった。しかも、それは10月の早朝のことで、あたりには深い霧が立ち込めていた。視界が悪く、通常よりもかなり近い距離で両軍は衝突した。このことが結果的に多数の死者を出すことにつながり、悲惨な戦いになったのである。

両軍があまりにも接近していたために、戦いはかなり混乱したといわれる。

一説では、ふつうは大将が刀を抜いて動き回ることはなかったが、このときばかりは謙信も信玄も自分で戦ったともいわれる。その真偽のほどはわからないが、それほどまでに**混戦を極めていた**ということである。

二人の一騎打ちを描いた浮世絵は数多い。これは歌川国芳が描いた、川の中で戦う二人。

そして、それが両者の一騎打ちという伝説を生み出した。あまりの混戦だったためにそれが人々の想像力を刺激し、直接対決の名場面が〝誕生〟したのだと考えられる。

しかし、川中島の戦い全体の結果をみると、最終的には信濃の地を治めたのは信玄のほうだった。戦闘においては謙信のほうが戦略家だったが、政治家としては信玄のほうが優れていたというのが現在の定説になっている。

ただし、謙信は信濃の地を領土として欲しかったわけではなく、あくまでも越後に攻め入ろうとする信玄をそこで食い止め、追い出すことが目的だったと考えられる。そういう意味では、謙信もまた目的を達したといえる。

まさに「どちらも勝者」といっても過言ではない名勝負だったのだ。

古い常識

武田氏の騎馬軍は戦国最強を誇った

新常識

武田騎馬軍団は戦国最強ではなかった

当時の馬は小さな在来馬だった

武田信玄といえば、なみいる戦国武将の中でも最強とされる強さを誇り、歴史好きの人々の間でも人気の高い人物だ。

「甲斐の虎」と称された信玄は甲斐から信濃に広大な領土を持っていた武将で、「越後の龍」と呼ばれた上杉謙信とのライバル関係もよく知られており、風林火山の旗印のもと勇壮な武田騎馬軍団とともに戦う勇壮なイメージがある。

しかし、武田騎馬軍団に関しては、じつは**後世のフィクションだった**というのが近年、有力な説となっているのだ。

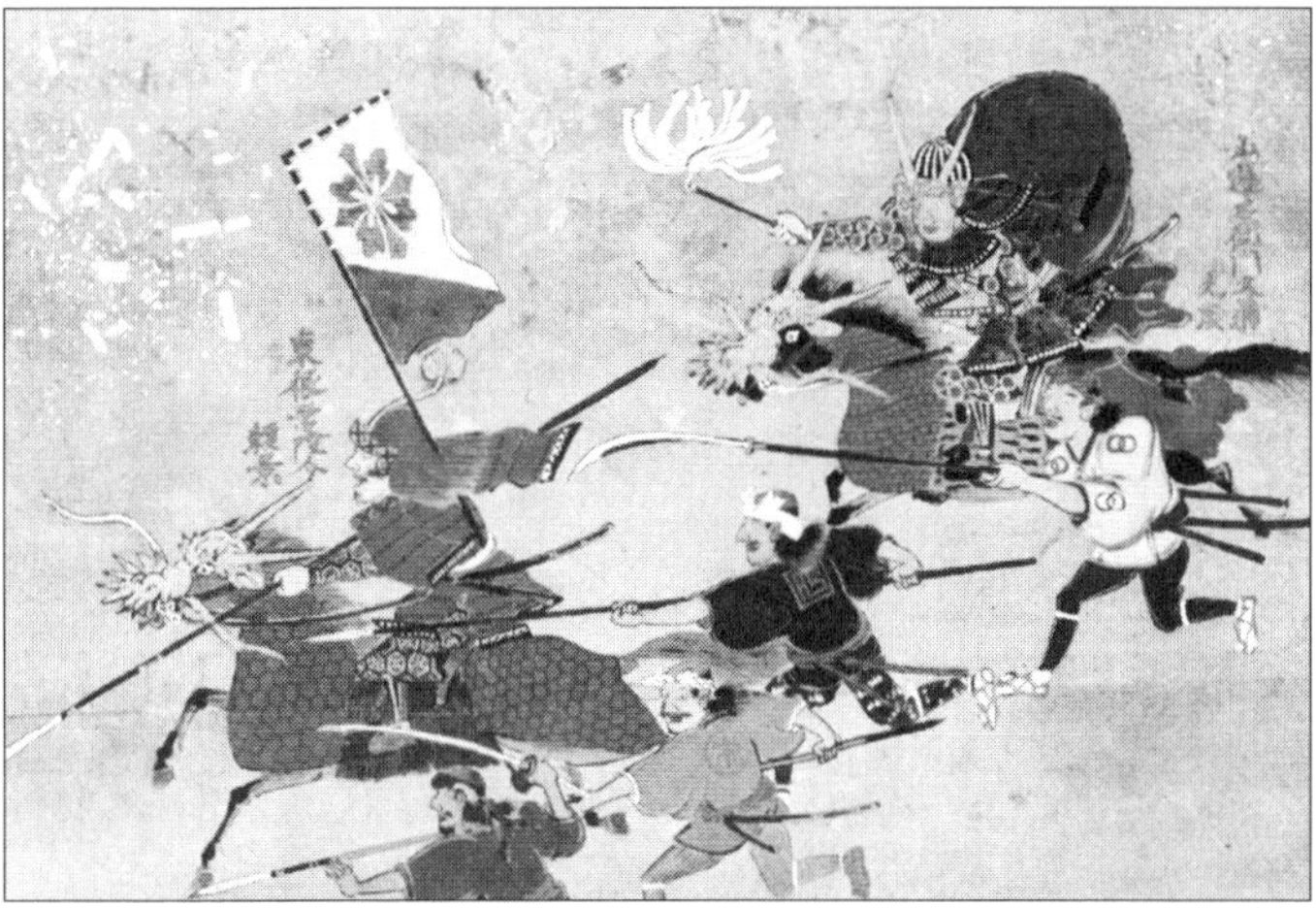

合戦図屏風に描かれた騎馬。当時の実際の馬と人間の比率はこのくらいだったと考えられる。（「長谷堂合戦図屏風」より）

その根拠はいくつかあるが、なかでも一番納得できるのは馬の種類である。

当時の日本にいた馬は体高1・3メートルほどの**小柄な在来馬**で、ドラマなどで見るように甲冑をつけた武士を背中に乗せて敵陣に向かって突撃するには体格が足りないのだ。

また、武田氏の戦術や戦略が記された『甲陽軍鑑』によると、武田軍1000人のうち馬に乗って戦場にいたのは10人にも満たず、残りは馬を引いて槍で戦ったという。

しかも、馬上の武士の役目は敵に向かって突撃をすることではなく、徒歩で戦う兵士たちを指揮することだったというのだ。

つまり、勇壮な騎馬武者たちが猛然と駆け回るような合戦シーンはフィクションなのである。

もっとも、武田軍が無双の強さを誇ったのは事実だ。信玄は「三方ヶ原の戦い」では織田信長についた徳川家康軍を破り、信長討伐も目前というところまでたどり着く。しかし、あと一歩のところで病に倒れ、その死をもって家督は息子である勝頼の手にゆだねられた。

長篠合戦の鉄砲三段撃ちもフィクション

勝頼の時代にも武田騎馬軍団にまつわるエピソードがある。「長篠・設楽原の合戦」だ。これは織田信長と勝頼の軍が激突した、武田氏が滅亡するきっかけとなる戦いだが、この時に武田騎馬軍団を壊滅させたといわれる、**織田軍による鉄砲3000挺の三段撃ちのエピソードもフィクション**なのだ。

徳川美術館に所蔵されている「長篠合戦図屏風」には、攻め寄せる武田騎馬軍団とそれを迎え撃つ織田方の鉄砲隊が描かれている。まさにドラマなどのイメージ通りのシーンではあるが、必ずしもありのままの事実を伝えているとは限らない。

まず、鉄砲3000挺というのはいささか誇張しすぎで、実際に使われたのは1000挺程度だった。信長の戦法とされる三段撃ちも、当時の火縄銃の性能から考えると少々無理がありそうだ。

火縄銃は点火してから発砲までの時間が銃によってまちまちで、一斉射撃ができたとは考えにくい。また、織田軍の兵士はふだんから鉄砲の訓練をしていたわけではないため、その操作に慣れていなかった。3列に並んだ鉄砲隊が一斉射撃を繰り返すのは、不可能だったはずなのだ。

対する武田軍もさっそうと突撃する騎馬隊ではなく、歩兵の数も多かった。つまり、武田軍vs.織田軍の象徴的なこのシーンはファンタジーなのである。

「長篠合戦図屏風」に描かれた織田方の鉄砲隊

書物や美術品に描かれて伝えられている歴史上のエピソードの多くは、勝者によって語られるものであり、よりすばらしく見えるように誇張されているものもある。「歴史は勝者の物語だ」という言葉もあるように、残されたストーリーがすべて真実とは限らないことを心にとめておきたいものだ。

古い常識

鉄砲が
日本に
伝来したのは
種子島

新常識

鉄砲が伝来したのは種子島ではない？

教科書の表現はあいまい

日本における合戦スタイルを一新させたのが、近代的な武器である鉄砲だ。それまで槍や刀、弓矢による戦い方が中心だったのが、鉄砲を携えた足軽隊の登場によって戦法は大きく変わり、拠点になる城の防衛のための構造をも変化させた。

鉄砲は、「1543（天文12）年、ポルトガル人によって種子島に伝来した」と記憶している人が多いだろう。しかし、現在使用されている歴史教科書の表現はこれよりずっとあいまいになっている。

山川出版社の『詳説 日本史 改訂版 日本史B』の記述を例にとると、「1543（天文12）年にポルトガル人を乗せた中国人倭寇の船が、九州南方の種子島に漂着した。これが日本に来た最初のヨーロッパ人である。島主の種子島時堯《たねがしまときたか》は、彼らの持っていた鉄砲を買い求め、家臣にその使用法と製造法を学ばせた」と書かれている。

　この根拠になっているのが、１６０６（慶長11）年に著された『鉄炮記』だ。

『鉄炮記』によれば、１５４３年8月25日に１００人あまりの外国人を乗せた大きな船が、種子島南端の小さな浦に漂着した。船には**3人のポルトガル人**が乗っており、鉄砲を所持していた。

　彼らが実際に弾を込めて発射してみせると、島主の種子島恵時《しげとき》と時堯父子はこれを買い取って、鍛冶職人に国産銃の製造を命じたのだという。

　たしかに時堯たちの前で鉄砲を試射してみせたのはポルトガル人であり、その名前もヨーロッパに残る史料で判明している。アントニオ・ダ・モッタとフラン

アントニオ・ダ・モッタとフランシスコ・ゼイモトによる試射の様子

後期倭寇の頭目のひとり・王直の像

シスコ・ゼイモト、アントニオ・ペイショットという名の3人が、中国のリャンポーという密貿易港に向かう船に乗っていたようだ。

行き先からしてこの船は密貿易を生業としていた**中国人倭寇の船**であり、そこに乗っていたことからこの3人も商人だった可能性が高い。

倭寇といえば海賊であり、略奪行為を行うイメージが強いが、当時の倭寇は東南アジアの国々で手に入れた商品を売りさばく密貿易が主な仕事だった。彼らが取り扱っていた品物の中に鉄砲も含まれていたのだ。

鉄砲は15世紀前半にヨーロッパで発明された武器ではあるが、各地に伝えられるとともに改良が施された。倭寇の取引先である東南アジア諸国にも鉄砲の製造法はすでに伝わっており、種子島に漂着した船に乗せられていたのが、東南アジアで改良されたものである可能性は十分あるだろう。

このことから考えると、「ヨーロッパの鉄砲がポルトガル人によって伝えられた」という単純な話ではないことがわかるのだ。

種子島以前に九州地方に伝わっていた？

さらに、鉄砲は種子島に伝わる以前に九州各地に伝わっていたのではないかとみる説もある。当時のポルトガルは東南アジアでの交易を盛んに行っており、**中国や東南アジアには鉄砲がすでに広まっていた**はずだ。その人々を通じて**複数のルートで鉄砲が伝わっていた**と考えてもそれほど無理はない。

実際、1543（天文12）年に起きた相ノ浦（長崎県佐世保市）の戦いで鉄砲が使われたと記した書物もある。倭寇との密貿易をしていたところで、当時かなりの高値で取引されていた鉄砲が貴重な商品として売り買いされていたとしても不思議ではない。

このような事実を踏まえて、教科書の記述はあいまいになっているのだ。

前述の『詳説　日本史　改訂版　日本史B』では、欄外の注として鉄砲伝来の年を「1542（天文11）年とする説もある」と記している。

いずれにしても、日本にもたらされた鉄砲はまたたく間に全国に広がり、戦いの様相を激変させた。有力武将たちは我先にと買い集め、戦いの主役になっていったのである。

古い常識

信長は奇襲によって桶狭間の戦いで勝利を収めた

新常識

桶狭間の戦いは奇襲ではなく正攻法だった

信長の戦略は正面突破の正攻法だった？

織田信長は「戦国の風雲児」「冷酷非情」という評価をされることが多いが、戦の天才でもあった。戦上手としての信長の名をとどろかせたのが、駿河・遠江両国の守護だった今川義元の軍勢を打ち破った「桶狭間の戦い」だ。

一般的に知られているストーリーによれば、信長が義元の率いる大軍を迂回して奇襲攻撃したうえで壊滅させたというものだ。

ところが、この戦いはじつは奇襲でも何でもない、**正面からの攻撃だった**とする新しい説があるのだ。

信長の出陣の図。信長は過桶狭間の戦いにのぞむにあたって、熱田神宮で戦勝祈願をした。（『尾張名所図会』より）

桶狭間の戦いがこれまで奇襲だったとされてきた根拠のひとつは、**両軍の兵力差**である。今川軍は2万5000とも4万5000ともいわれ、対する織田軍はわずか数千に過ぎなかった。

当時の義元は天下取りをめざしたほど勢力の強い武将だったのだから、兵力差をひっくり返して信長が勝利したとすれば、奇襲という戦法をとったのだろうと考えられた。

しかしこの点についても、考えが見直されているのだ。

従来の定説と疑問点

改めて桶狭間の戦いの定説を見てみよう。

駿河・遠江（現在の静岡県）を本拠地とする

今川義元は、将軍職につくために居城である駿府城を出発し、上洛する道中にある尾張の信長を攻撃しようとした。

清洲城にいた信長のもとには「今川軍の総攻撃が始まる」という知らせが届く。信長はひとり熟考した後に、今川軍が城に攻撃してきたタイミングでその本陣を後ろから攻める奇襲攻撃をしかけようと決めた。

深夜に出陣した織田軍が今川軍に迫ったのが、戦いの舞台となった桶狭間だ。折しも今川軍は休息をとっているところで、織田軍はそこを一気に攻めたのである。

タイミングよく降り出した豪雨のせいで、織田軍の気配は完全にかき消されていたため、今川軍は大混乱に陥《おちい》った。そして大将の義元が毛利新介によって首を切られて命を落とし、軍は壊滅した。

ここまでが、従来の定説だ。

しかし、まず「義元が将軍になるために上洛した」という説を裏づける確固たる史料が存在しない。上洛説は、義元が上総介《かずさのすけ》、治部大輔《じぶのたゆう》、三河守という順序で出世したため、かつて同じ職についていた足利尊氏のように将軍になろうとしたのではないかという**推測**に基づいているのだ。

義元は、ドラマなどでは貴族趣味の愚将として描かれることも多い。桶狭間の戦いに関して

浮世絵に描かれた桶狭間の今川義元。左の幕からのぞいているのが毛利新介。（楊斎延一画「桶狭間今川義元血戦」）

も、「将軍をめざして上洛しようとした貴族かぶれの愚将が戦場で油断して討ち取られた」とされることもある。

だが、実際は**軍事制度の改革や領地経営にも熱心に取り組む有能な人物**だった。

また、義元は「黒衣の宰相」という異名をとる希代の軍師・太原雪斎《たいげんせっさい》の教えを受けている。「貴族かぶれの愚将が戦場で油断して討ち取られた」という構図は、これだけをみても少し乱暴に思える。

義元が進軍したのは、みずからの領地を固めるため尾張の一部を領国にするためだったとする説も有力なのだ。

さらに、迂回したとされる織田軍の進軍経路についても正確な史料は存在しない。

桶狭間の戦いを記した『信長公記』にも迂回の記述はなく、清洲城を出て最短距離を直進したと読み解くことも十分可能なのだ。

一瞬の隙をつくスピード勝負の作戦

義元に油断がなかったとしたら、なぜ兵の数で劣る信長が勝利したのかといえば、大きく2つの説がある。

ひとつは、**偶然の産物**だというものだ。

信長は桶狭間で今川軍の本隊と向かい合ったときに、それを先鋒隊だと勘違いして形勢逆転を賭けて猛攻撃した。戦闘前に偶然大雨が降り、地形も窪地であったために多勢だった今川軍は統制を取りづらくなったことで、結果的に勝利を得たという説である。

先鋒隊だと思っていたとしたら、数の上での不利は考えないと想像できるし、あえて迂回して時間をかけるのは不自然だろう。

もうひとつは、**信長の戦略**によるものという説だ。

信長は中国の兵法書『呉子』にあるように、多勢に無勢で戦う時は狭い谷間で戦うことと、先頭と後尾が分断された敵は攻めやすいことを忠実に実行し、今川軍が先鋒隊を派遣したタイミングを狙って、谷間にある桶狭間に本隊をおびき出して正面から攻撃したという。

2番目の説をとったとしても、信長がしかけたのは今川軍の兵力が分散するタイミングを狙うという一瞬の隙にかけた戦術だったはずだ。そのためにはスピードが命になるため、大回り

桶狭間の戦いの勝敗を決めたどしゃぶりの雨（『尾張名所図会』より）

して背後を狙うなどという余裕はなかっただろう。

このことからも、やはり桶狭間の戦いは迂回した奇襲攻撃ではなく、**スピード勝負の正面突破をしかけた信長の戦略勝ち**とみるのが自然だといえそうだ。

桶狭間の戦いで鮮やかな勝利を収めた信長は、美濃（現在の岐阜県南部）の斎藤氏を滅ぼして岐阜城に入り、「天下布武」の印判を用い始めることで上洛への意志を内外に示し、天下統一へ向けて進撃を始めたのだ。

いずれにしても、桶狭間の勝利は戦上手と呼ばれた信長のキャリアの第一歩としてふさわしいものだったことは間違いないだろう。

古い常識

信長による比叡山の焼き討ちは悲劇的な大事件だった

新常識

比叡山の焼き討ちは大規模なものではなかった

残虐だったといわれる織田信長

歴史上の人物の中でも圧倒的な人気を誇りながらも、その一方で、悪逆非道な行いを繰り返したことでも知られるのが織田信長である。

歴史の教科書でも、「鳴かぬなら鳴かせてみようホトトギス」の豊臣秀吉は創意工夫を重んじるタイプで、「鳴かぬなら鳴くまで待とうホトトギス」の徳川家康は忍耐強くどっしりした人物として説明されるが、「鳴かぬなら殺してしまえホトトギス」の信長は、短気で気性が激しく、残酷で非情な武将としての印象が強い。

とくに自分に歯向かう者や、謀反の疑いがある者、体制を揺るがす動きなどがあれば徹底的にそれをつぶした。

たとえば、1574（天正2）年に起こった「長島一向一揆」では、信長は大軍を派遣し、2万数千人の男女を殺害したといわれている。

また、同年の「越前一向一揆」では、2000人を戦闘で倒し、さらに捕虜として捕えた1万2000人を皆殺しにしたと伝えられ、さらに1565（永禄8）年に起こった「伊賀惣国一揆」では、信長の支配を離れて独立しようとした民衆に対して1581（天正9）年に大規模な攻撃をしかけ、約3万人が犠牲になったといわれる。

日常的にも自分を暗殺しようとする企みが発覚すれば、関係者を捕えて人々が見ている前で残酷な方法で処刑することもあった。

反抗や裏切りに関しては、一切情けをかけないのが信長のやり方だったのである。

そんな信長を語るうえで欠かせない大事件のひとつに、**「比叡山焼き討ち事件」**がある。

絵巻に描かれた比叡山の焼き討ち（『絵本太閤記』より）

3000人以上が犠牲になった？

もともと比叡山延暦寺は、信長に抵抗し続けていた越前の朝倉氏の側につき、信長に歯向かっていたため、信長にとってはどうにも邪魔な存在だった。

とはいえ、相手は寺院である。さすがの信長も手出しはできないと思われた。

ところが、大方の予想に反して1571（元亀2）年9月、ついに信長は延暦寺に火を放ち、多くの僧侶や信徒とともに寺院を焼き払ったのである。

比叡山延暦寺は最澄が大乗仏教を広めるために創建した寺院であり、法然や栄西、親鸞、日蓮など名だたる僧が修行をした、いわば聖地である。それを焼失させたのだからただごとではない。

当時、宣教師として日本に滞在していたルイス・フロイスの書簡や当時の貴族の日記などによると、犠牲者の数は3000人から4000人にものぼると伝えられている。

この事件は、信長の悪逆非道な性格を示す最たる例として、これまで学校の授業でも必ず取り上げられてきた。

ところが近年、この事件の見方が変わってきた。じつは、**言われていたほどの大規模な事件ではなかった**というのだ。

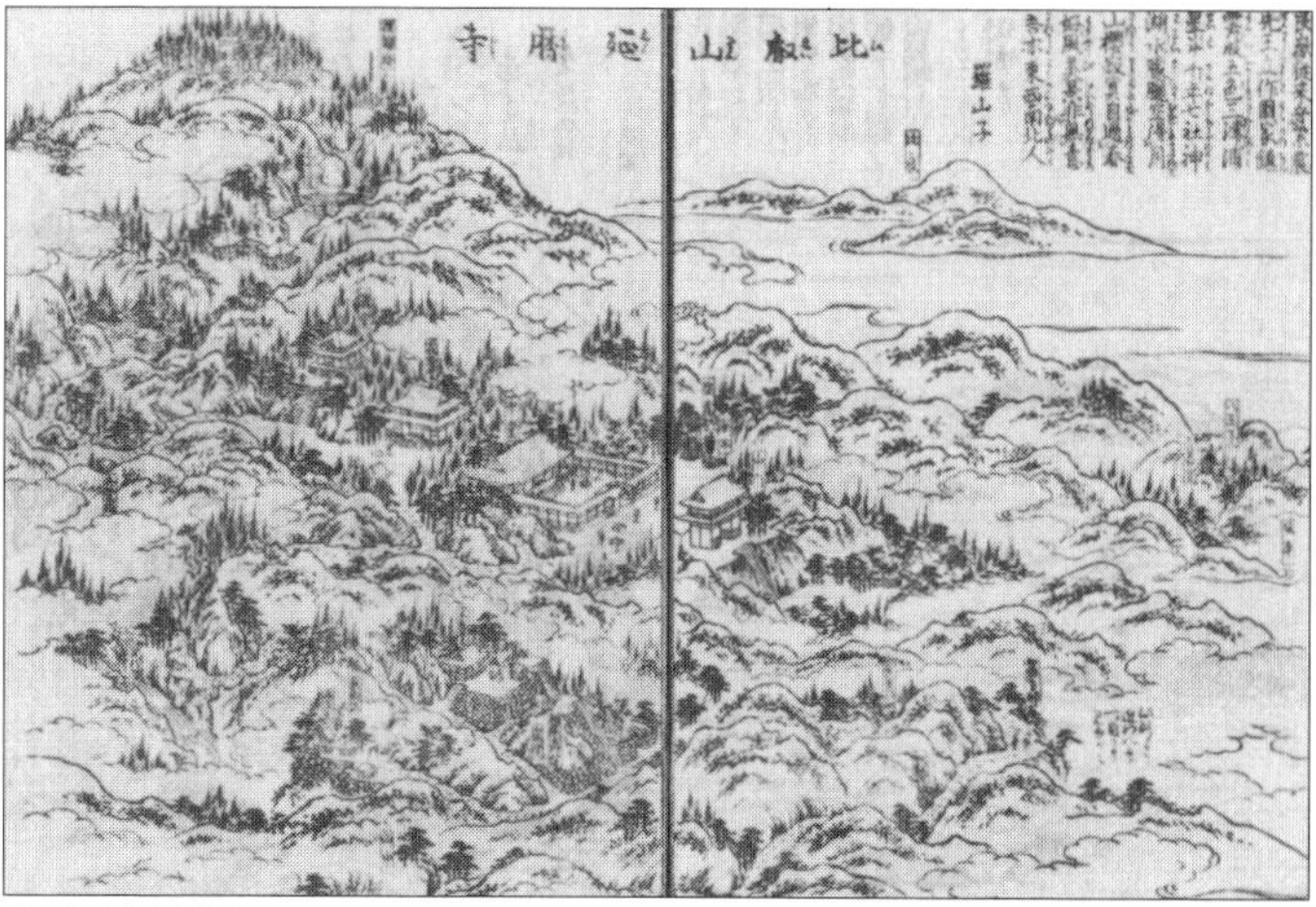

僧兵が多数集まっていた比叡山（『郡名所図会』より）

軍事拠点化していた延暦寺

そもそも、なぜ信長は比叡山延暦寺を焼き討ちしたのだろうか。

じつは、当時の延暦寺は修行の場ではなく、いわゆる**僧兵が多数いる軍事的な拠点**だったのだ。

武装した僧兵たちは、その武力にものをいわせ、金儲けをしたり女人を連れ込むなど、欲望にまかせてやりたい放題の生活をしていた。

そして、浅井家や朝倉家に加勢をしてその力を後ろ盾にすることで、信長へ反抗的な態度を見せる者も多かった。

これを放置すれば治安が乱れる、ことに京都に近いこともあって早急に無力化しなければならない。

信長がそう考えるのも当然のことだった。

とはいえ、信長はすぐに武力に訴えて延暦寺を攻めたわけではない。僧兵を無力化し、本来の修行の場として立ち直らせようという努力をした。いわば**降伏を呼びかけた**のである。

しかし残念ながら、それに屈服するような相手ではなく、状況は変わらなかった。そこで信長は軍勢を送り込み、延暦寺に攻め込むことになったのである。

大規模な焼き討ちの痕跡は見つかっていない

では、この事件の実際の規模はどうだったのだろうか。

もし焼き討ちの際に大殺戮が行われていたとしたら、発掘調査によって多数の人骨が出土するはずである。しかも、僧兵だけではなく、当時延暦寺に滞在していた一般信徒の骨も多数見つかるはずだ。なんといっても史料には3000人から4000人もの死者が出たと書かれているのだ。

ところが調査の結果、**実際に発掘されたのは、ごくわずかな人骨**だったのだ。しかも、延暦寺が焼けた痕跡である木材なども少ない。つまり、寺院が焼失し大量虐殺が行われたのなら当然出土するはずのものが、実際には見つかっていないのだ。

このことから、延暦寺焼き討ちは、これまでいわれてきたほどの大規模な事件ではなかった

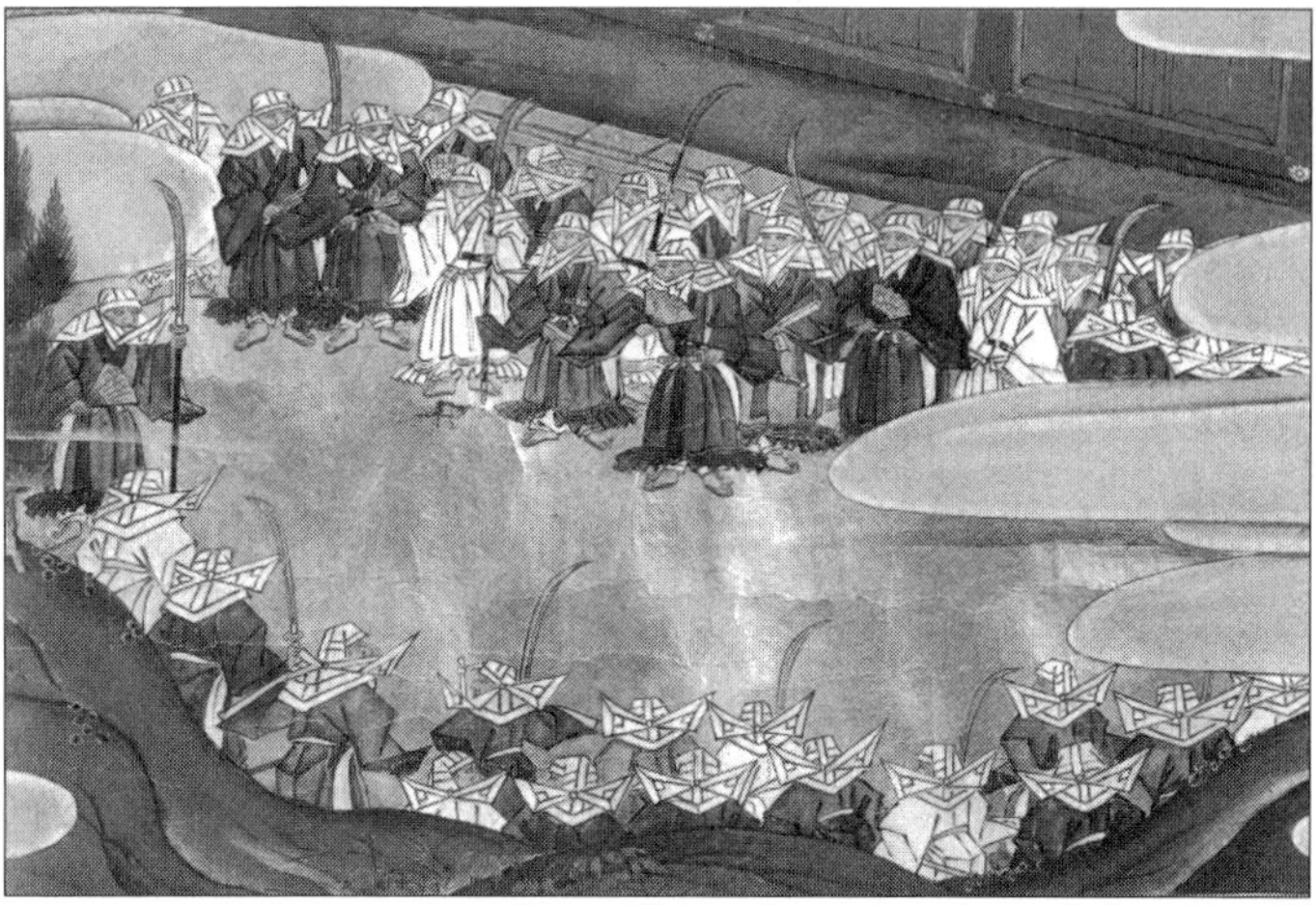
頭巾をかぶって薙刀を持つ比叡山の僧兵（『真如堂縁起』より）

のではないかと考えられている。

それだけではない。じつは、比叡山延暦寺の焼き討ちという**事件そのものがあったかどうかさえも今は疑わしい**とされている。

なかには、信長の評価を下げるために後世の研究者が捏造したという説まで出ているのだ。もしこの説が本当なら、その意図は達成されたといえるだろう。

いずれにしても、発掘調査の進展により、大掛かりな焼き討ちと大量虐殺が行われたかどうかは不明瞭になってきた。

そして現在の新常識としては、比叡山延暦寺の焼き討ちは、あったとしてもかなり規模の小さな出来事だったということになっているのだ。

古い常識

関ケ原の戦いで石田三成は西軍大将をつとめた

新常識

関ケ原の戦いの西軍大将は毛利輝元だった

石田三成

石田三成は副大将でさえなかった

徳川家康が豊臣家を打ち破ったのが、1600(慶長5)年に起こった「関ケ原の戦い」だ。この戦いに勝った家康は、1603(慶長8)年に征夷大将軍となり、江戸幕府を開き、200年以上続く徳川の世が始まった。

この天下分け目の戦いと称される戦いで、豊臣方の西軍総大将として多くの人が思い浮かべるのが**石田三成**だろう。

戦いに敗れて敗走した後にとらえられ、大坂で引き回しにされたうえで京都の六条河原で斬首されたことからも、三成が西軍の最高権力者だったように思われている。

しかし、じつは三成は総大将どころか副大将でさえもなかったのだ。

では西軍の総大将は誰だったのかといえば、**毛利輝元**である。

輝元は智将として名高い毛利元就の孫で、父親の隆元が急死したことで、11歳の時に毛利家の当主となった。とはいえ、まだ幼すぎた輝元のために祖父の元就が実権を握り、叔父の小早川隆景が教育係としてついた。

のちに尼子氏との「月山富田城《がっさんとだ》の戦い」で初陣を飾ったものの、元就と隆景から見ると〝頼りない三代目〟だったようだ。それでも元就の死後は隆景らのサポートを受けながら毛利家の勢力を拡大していった。

しかし、織田信長と対立した本願寺の顕如についたことが災いして潮目が変わり、秀吉の中国攻めによって追い込まれてしまう。

毛利輝元

結局、輝元は秀吉と和睦を結び、豊臣家の臣下になる道を選び、1597（慶長2）年には豊臣家の五大老に就任するのである。

蟄居《ちっきょ》の身だった石田三成

一方、石田三成は関ケ原の頃には五大老の下の五奉行という職を解かれていた。生涯豊臣家に仕えた忠臣だったが、融通が利かないといわれた性格が災いして内部に敵を多くつくったのがその原因だ。

秀吉に続いて重臣前田利家が死去すると、加藤清正、福島正則、池田輝政、細川忠興、浅野幸長、黒田長政、加藤嘉明という豊臣家に長年仕えて功を挙げてきた、いわゆる豊臣恩顧の大名たちによって屋敷を急襲されてしまう。

あわてて居城を出て伏見の徳川家康邸に逃げ込んだ三成だったが、家康の調停によって五奉行から外されて蟄居の身となっていたのだ。

その翌年に起きたのが関ケ原の戦いなのだが、実際に西軍の指揮をとった三成は豊臣家臣団の中で**無冠の存在**であり、豊臣の旗印を掲げて軍を率いるには**格が不足している**。そこで三成が総大将として担ぎ上げたのが、五大老の中で家康と対立していたとされる毛利輝元だったと

関ヶ原合戦図屏風（部分）

いうのである。

徳川対豊臣という単純な構図ではない

関ケ原の戦いは、「豊臣政権を守ろうとする西軍」対「天下を狙う家康が率いる東軍」という構図で語られてきた。

たしかにこの戦いに勝利した家康は天下人となり江戸時代の幕が開いたのだが、じつは東軍の中には前述の豊臣恩顧の大名が名を連ねている。東軍の中で生粋の徳川家臣と呼べるのは、井伊直政、松平忠吉、本多忠勝くらいなのだ。

秀吉の天下統一を支えた武将たちが家康側についたのは、時流に乗ったということだけが理由ではないようだ。

東軍に名を連ねた武将たちの中には三成を討とうとした**福島正則**らが含まれている。つまり、関ケ原の戦いの両陣営には、政権争い以前に根強い恨みのようなものが存在していたのだ。むしろ、家康は関ケ原の戦いの前年に起きた三成と正則らの戦いを仲裁したり、豊臣家に対する謀反を企てたとして上杉景勝を討伐するために会津に出兵したりと、秀吉に託された豊臣政権の維持に努めているようにも見える。

このことからも、単純に家康が天下を狙って豊臣政権を滅ぼそうとしたのが関ケ原の戦いのきっかけと考えるのは少し単純すぎるだろう。

総大将は減封、三成は処刑の謎

関ケ原では、実際の戦いが6時間程度で終わってしまったうえに、開戦前に勝負がついていたとする見方もある。これも、豊臣家臣団内部の勢力争いだと見れば、開戦前の根回しの段階で勝負がついていたというのもうなずける。

家康といえば老獪な策士というイメージだが、ここでもいかんなくその手腕が発揮されている。戦いの前に各地の武将たちに対して恩賞を約束し、東軍への誘いをかける家康の手紙が多数残されており、その数は150通以上に上るのだ。

福島正則

この**家康の根回し**によって、開戦時には西軍に参加した武将たちの中にも東軍に内応していた者が多くいた。

西軍と東軍の見かけ上の総兵力はほぼ互角だったとされているが、実際の戦いが始まっても東軍に内応する西軍の大名たちが動かず、西軍は東軍の半数程度の兵力での戦いを強いられる。その結果、東軍の圧勝で戦いはあっという間に終結したのだ。

これらの事情を考慮すると、関ケ原の戦いは、秀吉の死後に起きた豊臣恩顧の大名たちの勢力争いが、徳川家康と毛利輝元という総大将のもとで行われたという構図にも見えてくる。

この構図は戦後の処理にも見てとれる。**三成が京都で処刑**された一方で、**輝元は１２０万石が37万石**に、会津で兵を挙げた上杉景勝は１２０万石を30万石に減封されただけだった。

総大将の輝元と謀反を企てたとされる景勝が減封であっさりと許されているのに、実際に指揮をとっていたとはいえ、副大将ですらなかった三成が引き回しのうえに斬首されるという処遇になったのはアンバランスにも思えるが、これも家康の意向というよりも、豊臣家臣団の中に渦巻いていた恩讐の結末だったと考えると納得がいく。東軍に参加した正則らが三成に抱いていた恨みはそれほど根深いものだったのだ。

戦場以外の場所の事情も考慮しなければ、大きな戦いの正しい構図は見えてこないのかもしれない。

5章　江戸時代の新常識

古い常識

江戸時代の日本は鎖国をしていた

新常識

日本は「鎖国」をしていなかった

「鎖国」という言葉は17世紀から

江戸時代の外交政策と聞けばすぐに思い浮かぶのが、「鎖国」である。

幕府は、日本人が外国に渡るのを禁じ、唯一の交易国であるオランダに対しても、平戸にあったオランダ商館を長崎の出島に移し民間の交易を厳しく禁じた。

この点だけを見ると、「鎖国」という表現は的確なように思われるが、じつは実際の状況は現在のイメージと少し違っていたようだ。

まず、「鎖国」という言葉だが、これが初めて使われたのは17世紀末にオランダ商館医として日本にやって来たドイツ人医師**ケンペル**の著書『日本誌』の中にある。

ケンペルはこの書で「日本は長崎を通じてオランダとのみ交渉を持ち、閉ざされた状態である」としたのだが、これを1801（享和元）年にオランダ通詞（通訳）の志筑忠雄が「鎖国」と訳したのだ。

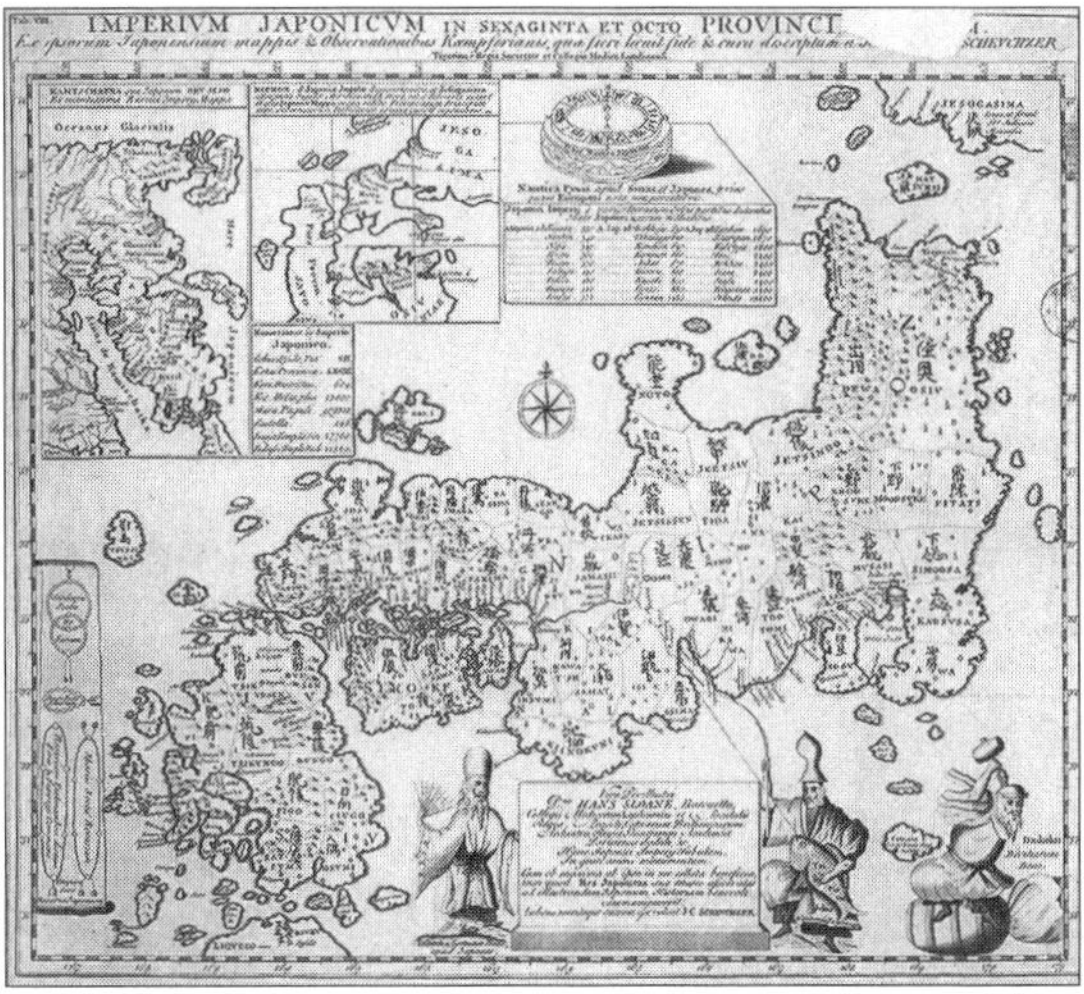

ケンペルの『日本誌』の英訳本に入れられた日本地図

オランダ商館が出島に移ったのが1641（寛永18）年だったことを考えると、その当時は**「鎖国」という言葉は存在しなかった**と考えられる。

かつては、「鎖国を完成させたのは徳川三代将軍である徳川家光だ」と教科書などで教えられていたが、言葉自体がなかったとすれば、「鎖国」を政策として進めていたと考えるのが正しいかどうかは疑問が残るだろう。

鎖国という言葉からは、厳重に閉ざされた状態というようなネガティブなイメージが連想されるが、実際は幕府が意図をもって行ったいくつかの外交政策が重なった結果だったにすぎないのだ。

幕府が利益を独占するための施策

鎖国という状況になる一連の流れを追ってみると、まず１６１６（元和２）年、中国船を除くすべての外国船の寄港地を長崎と平戸に限定したことに始まる。

次に、１６２４（寛永元）年にスペイン船、１６３９（寛永16）年にはポルトガル船の来航を禁じた。

また、日本人に対しても、１６３３（寛永10）年には将軍が発給した朱印状に加えて、老中が書いた奉書を持った奉書船以外の日本船の渡航を禁じ、１６３５（寛永12）年、日本人の渡航や在外日本人の帰国を禁止した。この頃になると、九州各地に寄港していた中国船についても長崎に限って認めることになった。

幕府がこの方策を打ち出したのには２つの理由がある。

ひとつは、**キリスト教の影響を懸念した**ことだ。当初は黙認していたキリスト教の布教だが、徐々にその広がりが無視できないものとなっていた。幕府はキリスト教を端緒としたスペインやポルトガルの侵略を恐れ、さらには信徒たちが団結して幕府に対抗する勢力となることもよしとしなかった。

そこで幕府は１６１２（慶長17）年、禁教令を出して信者に改宗を強制し、宣教師や改宗しない信者に対して弾圧を加えたのだ。民間人の外国との交流を厳しく禁じたのは、禁教令の流れの一環ということになる。

そしてもうひとつは、**外国との交易による利益を幕府が独占するため**だ。外国船が盛んに来航していた西国の大名たちが力をつけるのを嫌った幕府は、貿易港を制限して統制し、その利益を集中させたのである。

長崎につくられた出島（『寛文長崎図屛風』より）

続いていた中国・オランダとの交易

ここで大切なのは、幕府が目論んだのが外国のシャットアウトではなく、みずからの利になるようにコントロールしようとしたということだ。

もっとも警戒していたのはキリスト教を布教していたスペインや

ポルトガルであり、**従来から交易のあったオランダ、中国、朝鮮とは交流が続いている**のだ。

交易の拠点は「4つの口」と呼ばれ、長崎の出島はオランダと中国との「長崎口」、朝鮮との窓口は「対馬口」、さらには、当時はまだ別の国だった琉球王国とアイヌ民族との交流がそれぞれ「薩摩口」「松前口」で行われていた。

しかもその貿易はかなり活発で、たとえば清朝で使用されていた銅銭の6〜8割は日本から輸入された銅を原料にしていたという。

こうなると、鎖国という言葉から連想する閉ざされたイメージとはかなり違った情勢が見えてくるのではないだろうか。

復活した「鎖国」

このような状況から、近年では鎖国という表記はふさわしくないという考え方が主流になってきた。文部科学省もいったんは学習指導要領で「鎖国」という言葉を使用しないと発表したのだが、国が行う意見公募手続きである**パブリックコメントで反対が大勢となった**ため、見送られた。

文部科学省の案では、鎖国の代わりに「幕府の対外政策」という言葉が使われていた。数々

当時の日本で生産された銅は、オランダ東インド会社を通じて海外に輸出されていた。画像は銅山を経営していた住友家による鉱山技術書。（『鼓銅図録』より）

の歴史資料から、外国との一定の交流や交易が行われていたことは明らかで、そのことを反映させようとしたのだ。

しかし、パブリックコメントで寄せられた意見が、「教えにくい」「混乱する」などという反対が多く、いったん消えかけた「鎖国」の表記が復活したのだ。

現実的には、従来の「鎖国」のイメージと当時の状況は一致していない。そのため、高校の教科書では鎖国という言葉を使わなかったり、脚注などを利用して細かい状況を伝えるものも増えてきている。

いずれ「鎖国」という表記が検定教科書から消える日が来るのかもしれない。

古い常識

参勤交代の隊列は整然として立派なものだった

新常識

参勤交代は見栄っ張りでしまりのない旅だった

大名たちの力を削ぐための制度

時代劇などでは、しばしば参勤交代の場面が登場する。正装した家来がきちんと整列してしずしずと歩き、道を歩く庶民は大急ぎで道をあけて土下座をする。そして延々と続く行列が通り過ぎてしまうまでけっして頭を上げない――。江戸時代を象徴する場面のひとつである。

参勤交代とは、地方の大名が1年ごとに江戸と自分の藩とを往復して生活するという制度だ。正式に制度化したのは、３代将軍・徳川家光の時である。

そもそも、その目的は何だったのだろうか。

絵図に描かれた大名行列では長い隊列が整然と進んでいる。（「会津藩主参勤交代行列図」）

まず、将軍と各藩の藩主との主従関係を明確にして、**忠誠心を持たせる**という意図があった。また、参勤交代には莫大な経費がかかるが、それによって**藩の財政を大きく圧迫**して、強大な力を持てなくしたのである。

さらに、藩主が江戸から自分の藩へ戻っている間も、その妻や子供は江戸で生活させた。いわば**「人質」をとった**のだ。

つまり、参勤交代の制度とは、各藩を経済的に逼迫させ、同時に妻子を人質にとることで、各藩主が幕府に対して反抗できないように厳しく締めつけ、主従関係をはっきりさせるために定められたのである。

それだけに参勤交代の行列は、おごそかで規律正しく、整然としたものだったと思われがちだ。

しかし、最近になって新しい史料が発見されたこともあり、参勤交代の知られざる〝実態〟がわかってきた。そこにはさまざまな苦労や意外な一面があったのだ。

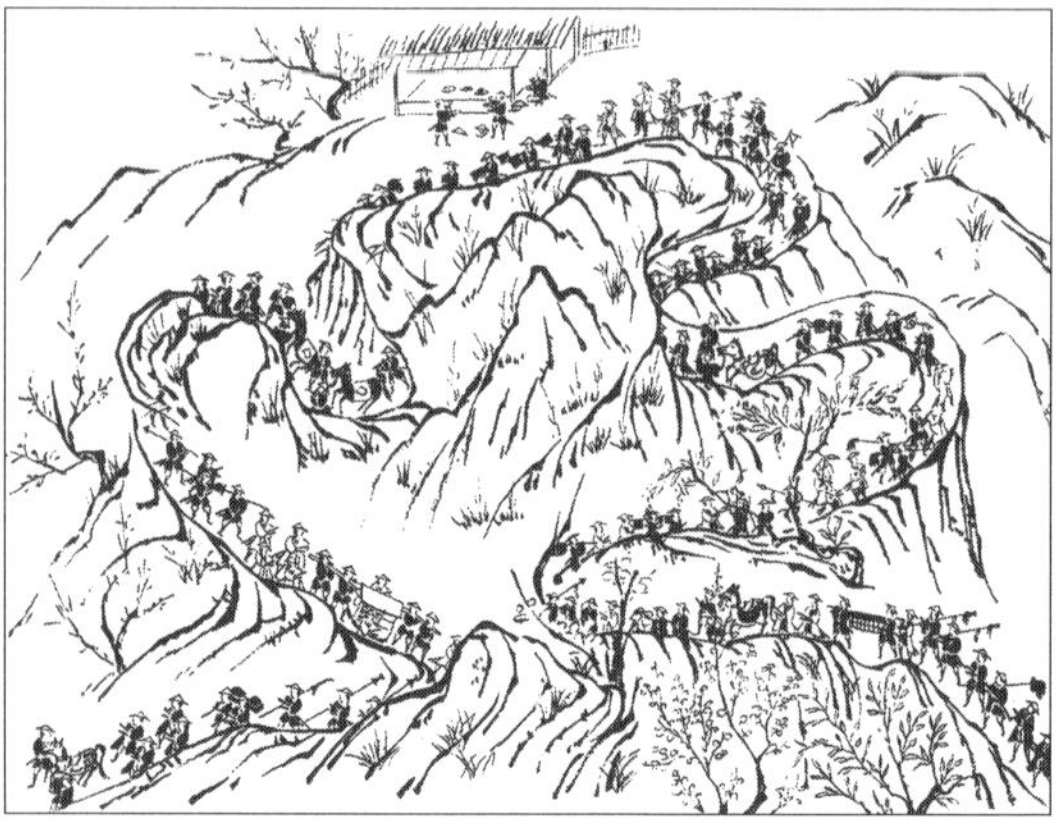
峠越えをする加賀藩の大名行列。峠のふもとから頂上まで随員が連なっている。（「大名行列図」より）

人が見ていない場所では行列も崩れがち

いうまでもなく、当時の移動手段は徒歩だ。どんなに遠方であっても自分の足で歩くしかない。

ふつう、人間の1日の最大移動距離はおよそ40キロメートルである。関東地方にある藩なら数日で江戸に到着できるが、遠方の場合にはかなりの日数がかかる。もっとも遠い薩摩藩は約40日かかったといわれる。

しかも、現在と違ってインフラが整備されている場所はほんのわずかだ。

行程の大半で随員たちは道なき道を歩き、橋のない川をどうにかして渡らなければならないのだから、大変な思いをしたはずだ。

参勤交代は、いってみれば、**藩そのものがまるごと引っ越すようなもの**である。ふだんの生活で使っている日用品と仕事に関する道具の両方を抱えた人々が、何日もかかって移動したの

仙台藩の大名行列。さまざまな形の荷物を運んでいることがわかる。（『楽山公行列図巻』より）

である。

人数は少なくとも数百人、多い藩では4000人近くになることもあった。

具体的には、どのような人が行列に参加したのだろうか。

藩主と家来を筆頭に、宿泊先を決定して世話をする担当者、道中で殿にお茶の給仕をする係、医者、女中、長持ちを運ぶ係、鷹匠、料理人、毒見をする係、風呂桶を運ぶ係などがいた。風呂桶だけではなく、風呂に使うための水を運ぶ係もいたという。風呂に使える水がいつでもどこでも確保できるとは限らないからだ。

そして、各所で支払いをするために大量の鋳造貨も持参していた。大量の現金を運んでいたということなので、警備も厳重だった。

これらの行列が、毎日、朝の5、6時頃に出発し、途中で休んだり昼食をとったりしながら夕方5時には次の宿に入る。それを日々繰り返しながら長旅をしたのである。

こういった大行列が、時代劇で見るようにつねに整然としていたとは考えにくい。実際には、**立派な行列となって進むのは宿場町などに入って大勢の見物人を前にするときだけ**だった。それ以外の、誰も見る人のいない場所では列も崩れていたりしていた。

本来は窮屈な駕籠の中でじっとしているしかない藩主も、ときには駕籠から出てのびのびと自分の足で歩くこともあったといわれる。

庶民を喜ばせたパフォーマンス

ちなみに、行列をより大きく豪華に見せるために、**町に入る手前で地元民を雇い、衣装を着せて、あたかも家来であるかのように一緒に歩かせることもあったという**。

こういった人々は町を過ぎればすぐに解雇されるが、手間賃として支払われる金額もかなり大きかったようだ。そのため、「今日は○○藩の行列、明日は○○藩の行列」というように、いくつもの行列をかけもちしていた強者もいたようだ。

また庶民も、土下座をして大名行列を見送るかといえば、そんなことはなかった。土下座をしなかったからといって咎められることはなかったのだ。

何千人もの行列となると通り過ぎるのも数時間かかる。その間ずっと頭を下げているのは、さすがに難しかったと思われる。

ただし、大名行列であるだけに横切ることはご法度だった。

また、藩主が乗った駕籠にはそれに付き添う藩士がおり、面白い歩き方をしたり、長槍を振り回したりといったパフォーマンスを見せて沿道の人々を楽しませたという。そのための稽古もふだんから怠りなかったというから、参勤交代には人を惹きつける娯楽性もあったようだ。

なかには、薄着で鎌のようなひげを生やし、小さな髷を結った独特の姿で「奴」と呼ばれた奉公人もいた。（『むかしむかし物語』より）

そんな参勤交代だが、江戸に到着する期日が決められており、それに遅れると厳罰があったので、けっして悠長な旅ではなかった。わずか数日遅れただけで、島流しになった大名も実際にいたのである。

いずれにしても、江戸時代の大名たちをおおいに苦しめた参勤交代は意外と人間くさい旅だったのである。

古い常識

江戸時代の人々の身分は「士農工商」に分けられていた

新常識

「士農工商」という身分制度はなかった

江戸時代に存在した厳密な身分秩序？

江戸時代の身分制度といえば、すぐに**「士農工商」**という言葉が出てくる人も多いだろう。身分制度として、これほどよく知られた言葉はない。

ところが、現在の歴史書にはこの言葉が出てこない。江戸時代には、そのような**明確な身分の区別はなかった**というのが、新しい常識になりつつあるのだ。

これまでの教科書には、士農工商という言葉が登場した。江戸時代の人々は、武士を最上位とし、それから農民、職人、商人という順番で身分の区別が明確だった。同じ身分の者同士でなければ結婚は許されず、住む場所も固定されており、勝手に移住したり住む場所を決めるこ

1822年に発行された本に描かれた身分（『士農工商梅咲分』より・国立国会図書館蔵）

とは許されなかった。

そのため、江戸時代には厳格な身分秩序が存在し、人は自分が生まれた身分の中でしか生きられなかったというのが従来の常識だった。

しかし、現在ではこれは誤りとされている。

たしかに士農工商という形で人々を区別する考え方は存在した。しかし、それは必ずしも厳密なものではなく、現実はまったく違うものだったことがわかってきたのだ。

そのために、江戸時代の身分についての常識は大きく変わりつつある。

厳密な区別は存在しなかった

もともと士農工商という言葉は、中国の歴史書

江戸時代に栄えた町人文化はある程度の自由があって可能だったと考えられる。(『江戸名所図屏風』より)

にあったものだ。江戸時代の儒者中江藤樹がこれを引用し、支配者としての「士」と、被支配者としての「農工商」とを明確に区別したとされる。

しかし、それはあくまでもひとつの考え方に過ぎなかったようだ。

たしかに「士」は別格の身分だった。しかしあとの**「農工商」については、身分に上下の区別はなかった**のだ。

また、食生活を支える「農」は「工商」よりも身分が高いとされてきたが、実際には町に住む工商のほうが、地方や農村に住む農よりも上位にとらえられていたと考えられる。

また、当の本人らもこれらの身分に縛られていたわけではなかった。職業を変えることは可能で、**百姓が職人になることもあったし、商人が百姓を始めることも許されていた**。

江戸時代の中頃に「宗門人別改帳《しゅうもんにんべつあらためちょう》」というものがつくられたことがある。これは民衆を調査し、戸籍を確認して租税台帳として利用されたものだが、記入する際に職業が厳密に書かれたわけではなく、村に住んでいる者を百姓、町に住む者を商人か職人として記入する、というくらいにあいまいなものだったことがわかっている。

また、かつては身分が異なる者同士が結婚することは許されないと考えられていたが、実際にはそれほど難しいことではなく、**恋愛も結婚も身分に関係なく、基本的に自由だった。**

なお、江戸時代における百姓とは、単に農業従事者だけをさすのではなく、漁業や林業に従事する者も含んでいる。

武士という身分の本当のあり方

滝沢馬琴は孫のために「御家人株」を購入した。

「士」は、4つの身分の中では突出した特権階級のような印象があるが、じつは、ほかの身分の者が士になることもけっして不可能ではなかった。

百姓の中から武士に抜擢されることもあったし、旗本や御家人という**武士身分を金銭で購入するということも行われていた。**

『南総里見八犬伝』などの読本作者として知られる滝

沢馬琴は実際に御家人の身分を金で入手しているし、自分の子供を武士の当主にするために大金を使う親もいた。

つまり、ほかの身分の者にとって近寄りがたい存在というわけではなかったのである。

一方、江戸時代の身分を「武士」と「百姓・町人」というふたつのカテゴリーに分けて説明することもある。これは、「支配者」と「被支配者」という区別だけは厳然とあったとする考え方である。

帯刀を許されていた武士たちに対して、農工商の人々が弱い立場だったことはあるだろう。しかし、そこに身分としての上下関係があったわけではない。

つまり、研究が進むにつれて、江戸時代の士農工商は、あくまでも**建て前でしかなかったこ**とがわかってきたのだ。

江戸幕府が強要したものではない

そもそも、士農工商という言葉の引用のもとになった中国の歴史書でも、本来は士農工商は身分の上下関係を表すものではなく、**あくまでも並列としてとらえていた**。

ようするに士農工商の身分秩序は、農業を隆盛させて、そこから納められる年貢によって経済を支えていた徳川幕府が民衆を支配し、社会体制を維持するために打ち出したひとつの考え方でしかなかったのだ。

実際、幕府が士農工商という身分制度を世間に打ち出して強要したことはないし、現実の社会でも明確な身分の区別はなく、不自由もなかったのである。そのことが明らかになってきたため、士農工商という身分制度は教科書から消えつつあるのだ。

なお、最近の教科書の中には、士農工商のどれにも当てはまらない職業、たとえば宗教関係者や舞台役者、古典芸能の演者、あるいは芸術家といった人々の身分も尊重されていたことが書かれている。

さらには一般の庶民よりも下の身分である「えた・ひにん」といった社会的に最下層の人々がいて、さまざまな差別や制約を受けていたことが書かれているものもある。そしてこのことは、明治以降の身分制度の上にもひとつの影を落とすことになるのだ。

1690年頃に活躍した歌舞伎役者・初代市川團十郎

古い常識

キリシタンをあぶり出すために踏絵が行われた

新常識

「踏絵」ではなく「絵踏」が行われた

寺の檀家制度はキリシタン弾圧のため

昔から何世代にもわたって同じ土地で暮らしている家庭なら、「檀家制度」という言葉を聴いたことがあるだろう。

檀家制度とは、江戸時代に幕府がつくったもので、すべての人がどこかの寺の檀家になるという制度だ。檀家は寺にお布施を払い、寺はその檀家の葬祭や供養を独占的に行うというシステムになっている。

だが、その目的は仏教の信者を増やすことではなかった。じつは、江戸の社会で影響力を強めたキリスト教を排除するためにとった策だったのだ。

南蛮屏風に描かれた宣教師の布教活動。宣教師と日本人信者が教本を手にして問答をしている。

1549（天文18）年にイエズス会の宣教師フランシスコ・ザビエルがキリスト教の世界布教の一環として来日し、日本におけるキリスト教の布教が始まった。

時の権力者だった織田信長は、宣教師がもたらす南蛮文化に興味を持ち、彼らを庇護したためにキリスト教は日本に広まっていった。

ところが、豊臣秀吉の代になると、勢力を拡大したキリスト信者やキリシタン大名によって寺や神社が焼かれたり、僧侶が迫害される事件が起こる。危機感を抱いた秀吉は**「バテレン追放令」**を発布して、宣教することを一切禁じた。

その後、江戸時代になると一時的に布教が認められたが、キリスト教会が幕府の体制に組み込まれることを拒否したり、キリシタン大名らの収賄事件が発覚したことで、徳川家康は危機感を抱くことになる。その結果、宣教だけでなく、キリスト教そのものを信じることが禁止されたのである。

キリスト教に対する初となる公式の禁教によって教会は焼き払われ、キリシタンというだけで罪になるという世の中になったのだ。

1597年には長崎で26人のカトリック信者が処刑された。この出来事は「二十六聖人の殉教」と呼ばれ、海外でも知られるようになった。これはドイツで描かれた事件の絵画。

「踏絵」ではなく「絵踏」

とはいえ、人が心の中で何を信じているかなど、本人に問いたださなくては他人には知る由もない。たとえキリスト教を信じていたとしても、そのことを口にしなければ隠し通すこともできる。

そこで、キリシタンかどうかをあぶり出すために、幕府は檀家制度をつくった。そして、檀家と認定されるためにはキリシタンではないという証明をもらわなければならないようにしたのだ。

その証明のために行われたのが**「踏絵」**だった。キリシタンが心のよりどころとしているイ

正月に行われた絵踏の様子（シーボルト『NIPPON』より）

エスや聖母の像を踏ませることで、信者のウソを見破ろうとしたのだ。

――従来の教科書には、このような記述があったのだが、最近の教科書には、イエスの像や聖母像を踏ませることを「踏絵」といわず、**「絵踏」**と表記されるようになっている。

とはいえ、「踏絵」という言葉がなくなったわけではない。**「絵踏」は絵を踏むという〝行為〟**であり、それに対して**「踏絵」は聖画像そのもの、**というように使い分けているのだ。

絵踏という言葉自体は新しいものではない。オランダ商館づきの医師として来日したシーボルトの著書『NIPPON』の中には、絵踏の様子を描いた「jefumi」という絵が掲載されている。

それによると、絵踏は年中行事のひとつとして行われていたという。

キリシタンをあぶり出すという目的で始まった絵踏は、始まった当初はかなり効果があったようだ。熊本藩の初代藩主でキリシタンの細川ガラシャの息子である細川忠利も、その効果の高さを認めている。

みごとな踏絵をつくった鋳物師が打ち首になる

キリシタン禁止令を出したのは幕府だったが、絵踏はそれぞれの藩の奉行所で行われていた。しかし当時は、ロザリオなどの聖具はたいへんな貴重品で、キリスト教徒でも手に入れられなかった。絵踏に使うイエスや聖母を描いた絵も、そう簡単に用意できるものではない。そのため、すべての藩が絵を所有していたわけではなかった。

自前で絵を用意できなかった藩はキリシタンが多く、最初に絵踏を始めた長崎奉行所から借りていた。

長崎奉行所では当初、絵踏に使う絵はイエスや聖母の絵を描かせて使っていたのだが、使っているうちにすぐにボロボロになってしまう。そこで、木や金属の板に像を彫ったものに変えることになった。

キリシタンをあぶり出すためには、心に訴えかける完成度が高い踏絵が必要だったはずだ。

絵踏みに供用する目的で長崎で鋳造された「踏絵」（写真提供：朝日新聞社）

そのため、腕のいい職人が踏絵の製作を手掛けた。しかし、あまりにも出来がよかったために悲劇を招いた例もある。

長崎のある鋳物師が踏絵の製作を命じられて青銅製の聖母のレリーフを手掛けたのだが、それがあまりにもみごとだったために**キリシタンなのではないかと疑われて打ち首になってしまった**のだ。

日本でこのようなキリシタン狩りが行われていることはヨーロッパにも知れ渡り、精神的な拷問だと非難された。そのため、江戸幕府は開国の最中、開港した地域から絵踏を廃止する。

そして１８７３（明治６）年、２００年以上続いてきたキリスト教禁止は撤廃されたのだ。

古い常識

一丸となった赤穂浪士は団結して討ち入りを成功させた

新常識

赤穂浪士は一枚岩ではなかった

用意周到ではなかった討ち入り計画

赤穂浪士の討ち入りというと、時代劇の「忠臣蔵」が有名だ。切腹に処されて無念の死を遂げた赤穂藩主の**浅野内匠頭**《たくみのかみ》の無念を晴らすために、赤穂の藩士たちが敵方の屋敷に討ち入るシーンはドラマのクライマックスとして描かれてきた。

屋敷に攻め込まれたのは、江戸幕府の将軍直属の家臣である高家旗本の**吉良上野介**《こうずけのすけ》だ。よくドラマに描かれる吉良は、賄賂を喜んで受け取る悪人で、賄賂を贈ることを拒否した浅野にしつこく嫌がらせをする。

そんな上野介に恨みを募らせた浅野は、江戸城の松の廊下で背後から吉良に斬りかかり、そ

赤穂浪士の討ち入りを華々しく描いた浮世絵（「北斎仮名手本忠臣蔵」国会図書館所蔵）

の場で取り押さえられる。そして、即日切腹を命じられてこの世を去るのだ。

それから2年あまりの後、主君を失った赤穂藩士の47人、いわゆる〝**四十七士**〟が吉良邸に討ち入り、みごと吉良の首を取ることに成功するのである。

……というストーリーで描かれることが多い忠臣蔵だが、時代劇はあくまでもフィクションなので、脚色も多い。

だが、江戸城の松の廊下での刃傷事件と吉良邸への討ち入りは実際に起こっている。

1701（元禄14）年3月14日、江戸城の松の廊下で吉良は斬りかかられ、その日のうちに浅野は切腹に追い込まれているのだ。

そして、2年後の12月14日に現在の東京都墨田区にあった吉良邸に大石内蔵助《くらのすけ》率いる四十七士が討ち入りし、仇討ちを果たしたというのも史実である。

しかし、赤穂浪士らは一致団結して決起したわけではなかったようだ。

お家再興か討ち入りかで対立

江戸城内で浅野が吉良に斬りかかったことは、すぐに使者によって赤穂に知らされた。事件から5日後の3月19日、最初の使者が赤穂に到着して江戸城で起きたことが告げられ、その後に到着した第2の使者が浅野の即日切腹を伝えている。そして、浅野家には**領地没収、家名断絶**という処分が下されることがわかった。

主君が亡くなり、自分たちは浪人になってしまう。赤穂城が騒然となったことは想像に難くない。しかし、だからといって藩士らがすぐに「討ち入りじゃ!」となったわけではなかった。

このまま幕府に言われるがまま開城するのか、それとも籠城して戦いに持ち込み、吉良の首を取りに行くのか……。対応をめぐって藩士は対立し、**内部分裂の危機**に陥《おちい》っていくのだ。

じつは、すぐさま吉良邸の討ち入りを主張していたのは、赤穂浪士一の剣客といわれた堀部安兵衛を含む少数派だった。

浅野は、事件を起こすことで先祖代々の家とみずからの命を失うことをわかっていた。そこまで覚悟を決めて斬りかかった君主のうっぷんは、吉良邸討ち入りでしか晴らせないと考えた

松の廊下での刃傷事件を描いた浮世絵（歌川国貞「忠雄義臣録第三」）

のだ。

一方で、古くから藩に仕え、浅野家に恩義を感じていた家老の大石内蔵助は、浅野の弟の大学を立てて浅野家を再興する道を探った。

たしかに浅野は殿中で事件を起こしたが、相手を殺害したわけではない。そのため、お家再興の可能性もあるのではないかと考えていたようだ。そして、多くの藩士が内蔵助側に立った。

安兵衛は水面下で藩士を説得して討ち入りの賛同者を増やそうとするが、なかなか思うようにいかない。

当時、安兵衛がしたためた書状が残っているのだが、そこには内蔵助に〝ただの若気の至り〟だと思われていることに腹を立てていると書かれていた。赤穂浪士の四十七士がひとつにまとまるまでには、かなりの時間がかかったのだ。

当初の予定では「97士」だった

そして浅野の死から1年以上が経ち、内蔵助のお家再興運動もむなしく、幕府は大学を浅野家の宗家である広島藩に差し置くことを決定した。**再興の願いが断たれてしまった**のだ。

そうなれば、内蔵助も討ち入りの道しかないと決意する。こうしてようやく役者がそろい、討ち入りへと突き進んでいくことになったのである。

討ち入りに参加したのは内蔵助や安兵衛を含め47人の藩士だったが、当初はその倍以上の**97人が賛同していた**。だが、さまざまな理由から離脱する者が現れたのだ。

討ち入りをすることは大学を裏切ることになるからと、はっきりと離脱の意志を見せた者もいたが、参加すべきかどうか悩み苦しむ者も少なくなかった。

その理由の多くは家族のことで、自分が死んだら家族の面倒は誰が見るのかと葛藤したのだ。なかには、老いた親親をとるか、忠義をとるかの二者択一に迫られ、悩んだ末に自殺した者もいた。

武士にとって討ち入りに参加することは名誉なことで、逆に無念の死を遂げた主君のために何もしない者は臆病者のレッテルを貼られる。実際、離脱者のことを「卑怯」や「腰抜け」といった武士にとって屈辱的な言葉で批判した書状も残っている。それは本人だけでなく、家にとっ

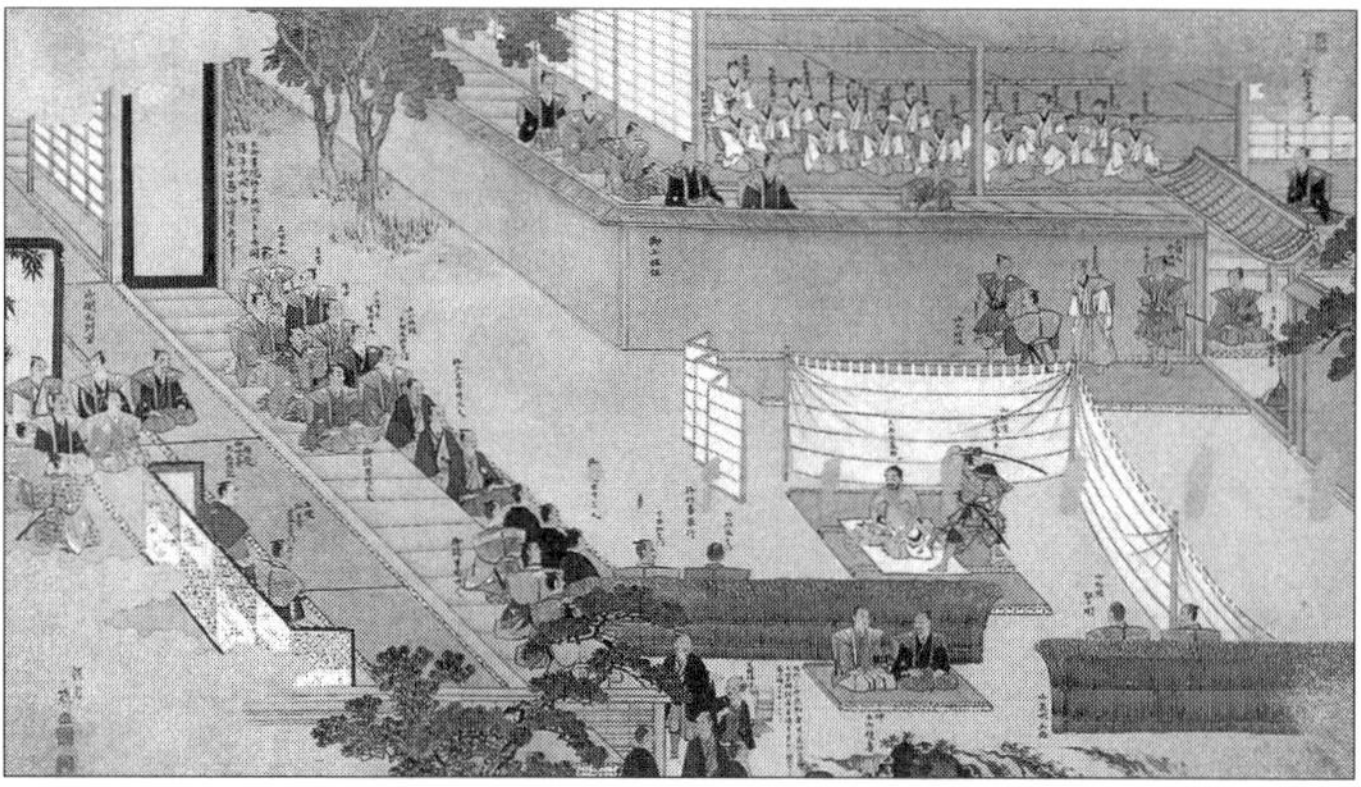

大石内蔵助の切腹を描いた浮世絵。討ち入りに参加した赤穂浪士は切腹することで武士としての名誉を保った。(「大石内蔵助良雄切腹之圖」)

ても恥ずべきことだったのだ。

しかし、それでも**最後まで離脱者は出続けた**。12月14日の討ち入り決行に向けて江戸に潜伏している間にも8人が離脱している。そのうちのひとりは着物と金を盗んで逃亡し、また別のひとりは酒に酔って暴れて脱退するという失態もあった。

さらに、討ち入りの3日前になって脱退するというメモを残して姿を消したという例もある。しかも、脱退がバレたのは討ち入りの直前だったため、慌てて突撃部隊の編成を変えるなど、現場はかなりドタバタだったことがわかる。

四十七士は、結果的に47人になったのであり、土壇場までけっして一枚岩ではなかったのである。

古い常識

生類憐れみの令は綱吉の思いつきによる悪法だった

新常識

「生類憐れみの令」は時代が必要とした法だった

当時の町中には多くの野良犬がいた。(『東京名所三十六戯撰』より)

後世に語り継がれる「悪法」なのか

「生類憐れみの令」は、生き物を殺したり食べたりすることを禁じるために段階的に制定された法令の通称だ。

悪名の高さで後世に語り継がれることになるこの法令をつくったのは、江戸幕府5代将軍の**徳川綱吉**である。

生き物の中でも特に犬を大切にした綱吉は、陰で「犬公方」と罵られてもその信念を曲げず、江戸の郊外に2カ所、

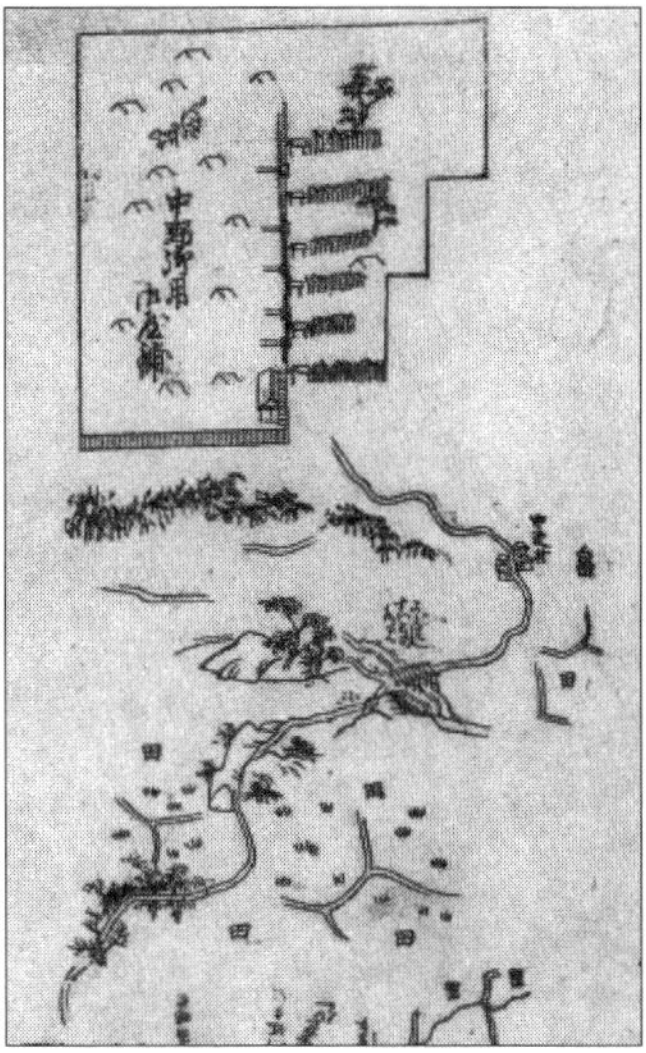

当時は犬小屋の地図もつくられた。

計18万坪以上の野犬収容施設をつくり、ピーク時には8万匹を保護したといわれている。

もちろん、犬を飼育するためには年間数万両、現在の金額にすると億単位の金がかかったというが、幕府はその費用を江戸の町民に課したという。

そして万が一、犬を殺したりすれば厳罰が待っていた。ある大工の弟子が犬殺しをしたと密告されて取り調べを受けたかと思えば、自由気ままに往来を歩いている野良犬を誤って大八車で轢いても処罰される。

犬を大切にせよという御触れは地方にも広まった。長崎にあったオランダ商館の医師は**「犬は人間と同様の市民権を有した」**と著書に記している。

さらに、幕府の御用医者の中に犬専門の医者がいるなど、人よりも犬が大事にされたことを物語る逸話がたくさん残っている。生類憐れみの令が〝天下の悪法〟といわれたのはそのためだ。

後継者問題が遠因か

綱吉がこの法令をつくった理由は、1682（天和2）年に長男の徳松が幼くして命を落とし、その後も世継ぎが生まれなかったことと関係しているという。

綱吉はある僧侶に、後継者が生まれないのは前世に殺生を多く重ねたからだといわれ、殺生を禁じられた。

そして、戌年生まれだから、**特に犬を大事にするよう助言された**というのだ。だから過剰なまでに犬の保護に努めたというわけだ。

殺伐とした世の中を変えたかった？

生類哀れみの令は、1687（貞享4）年頃から数度にわたって発布されている。それによると、綱吉が保護したのは犬だけではなかった。

「牛や馬を生きたまま捨ててはならない」

「将軍がお成りの道に犬猫が出歩いていてもかまわない」

「生きた魚や鳥を殺して食用に出してはならない」

「鶏など飼っている鳥を殺してはいけない。卵を産んだら育てよ」

「生き物に芸を仕込んで苦しめ、見世物にしてはならない」

徳川綱吉

というものもあった。**ありとあらゆる生き物の保護**を法令化していたのだ。

なぜここまで殺生を禁じたのかというと、一説には**戦国時代の殺伐とした名残りを払しょくしたかったためではないか**といわれている。

長きにわたって続いた戦国の世で、人々は命を軽んじるようになっていた。そんな世の中を変えたいと思った綱吉は、父の家光から叩きこまれていた儒教の教えを実践し、**君主の徳によって国を治めようと努めた**。

そのひとつが生類憐れみの令だったと、最近の江戸時代の研究では理解されるようになっている。それが後世にまで悪法として語り継がれるようになったのは、政治を批判したい者によって誇張されたのではないかともいわれている。

ただ、やはりやり過ぎだったために人々が戸惑ったことは間違いない。

綱吉は死の床で、自分が死んでも生類憐れみの令をやめることのないよう言い渡したが、実際には他界するとすぐに廃止されている。

古い常識

黒船来航は思いもかけない突然の事件だった

新常識

ペリーの黒船来航は「想定内」だった

ペリー出現で幕府も庶民も大混乱？

「泰平の眠りを覚ます上喜撰たった四杯で夜も寝られず」

日本史の教科書ではおなじみの狂歌である。1853（嘉永6）年に、初めて横須賀の浦賀沖に来航したペリー艦隊の黒船に対して、世間が大騒ぎをし、江戸幕府も大混乱に陥《おちい》ったさまを詠んだものとされている。

いわゆる鎖国によって外国との交易を断ってきた江戸幕府はもちろん、実際に黒船を目にした庶民にとっても、海の彼方から突然現れた黒い蒸気船の姿はまったく予期せぬものだった。

大混乱に陥った幕府はアメリカの圧力に屈し、開国が実現、日本が近代化に向けて大きく変

1854年に日本に上陸したペリー艦隊（ヴィルヘルム・ハイネ画）

わり始めるきっかけとなった――。これが従来の定説である。

ところが、近年では**「黒船来航は想定内だった」**という説が有力になっている。

じつは江戸幕府も庶民も外国船の動向を知っていて、庶民は黒船が現れそうな日になると、海が見える場所まで行って今か今かと待ち構えていたともいわれるのだ。

いったいどのような経緯で黒船来航の情報はもたらされたのだろうか。

防備体勢を整えた水野忠邦

１８４２（天保13）年、幕府は「異国船打払令」を廃止し、代わりに「天保の薪水《しんすい》給与令」を出した。

これは外国船が寄港した場合は、水や薪、食料な

水野忠邦

どを与えて穏便に退去させるように命じたものだった。

その背景には、欧州列強がアジアへの進出をもくろんでいるという世界情勢があったからだ。とくに、オランダからもたらされた**「アヘン戦争で清に圧勝したイギリスが、大艦隊を率いて今度は日本にやってくるかもしれない」**という情報に幕府は動揺した。

万が一、イギリス艦隊に向けてどこかの藩が攻撃をして、それが戦争にでも発展したら大変なことになる。それを危惧したのだ。

「天保の薪水給与令」を発したのは当時の老中・水野忠邦である。忠邦は海外勢力が突如として日本を襲ってきた場合を考えて、ほかにもいろいろな備えをした。

たとえば、幕府軍に西洋砲術を導入し、大名屋敷に大砲を装備させた。また、房総半島や相模湾に警備を置き、羽田奉行を新設して海からの急襲に備えた。

さらに、もしも江戸湾が外国の船隊に占領された場合を想定し、銚子から印旛沼を経由して江戸湾へ移動することができる水路をつくった。あらかじめ逃げ道を確保したのである。

その後水野忠邦が失脚し、イギリス艦隊の来襲も当面はないということがわかったため、防衛の準備はいったん中断された。水野忠邦の取り越し苦労かと思われたのだ。

しかし、国際情勢は刻々と動いていた。列強のアジア進出は続いていたのだ。

オランダがもたらした来航の予告

1844（弘化元）年、**オランダの軍艦が長崎に入港して国王の親書をもたらした。**それは日本に開国をすすめるものだった。

黒船の来航を予告したオランダ商館長ドンケル・クルチウス

さらにはその2年後、今度は**アメリカ東インド艦隊がアメリカ大統領の親書を持って浦賀に来航**し、やはり開国を迫った。
この両者に対して幕府は、開国の意思がないことを明確に告げている。
しかし、アメリカ艦隊の砲台を見た幕府は自国の防備があまりにも貧弱なことを知り、もし外国勢力に本気になって攻撃をしかけられたら、勝ち目がないことを痛感した。

急いで軍艦の購入や砲台の建設が検討されたが、それだけの経済力も、また武装化の知識もなかった。幕府もようやく動かしがたい現実を直視したのである。

このような状況にあった１８５２（嘉永５）年、オランダから驚くべき情報がもたらされた。それが、**ペリーの来航の予告**だったのである。

オランダ商館長による「別段風説書」という当時の国際情勢がまとめられた文書の中に、アメリカが日本との通商条約締結を望んでおり、そのために艦隊を派遣する予定であることが書かれていた。

しかも、**来航する９隻の船の名前から、ペリー提督の名前までが詳細に書かれていた**のである。またこの文書と同時に、オランダ領東インド総督の書面も提出された。そこにはアメリカが通商条約を迫った場合に、具体的にどのような条件でそれを受け入れればいいかが提案されていた。

オランダ側には、アメリカよりも先に自分たちが条約を締結して、日本との関係を有利にしたいという思惑があったのだが、いずれにしても、日本開国への筋道は諸外国によって着々と練り上げられていたのだ。

ペリー艦隊の首脳部。左から副使アハダムス、水師提督ペリー、軍師アナンと書かれている。（「合衆国水師提督口上書」）

ペリーの強引な行動に驚いた幕府

しかし、これらの貴重な情報を江戸幕府は活かすことができなかった。

国際情勢にうとかった要人たちは、数年前に警戒していたイギリスの攻撃がなかったことから、通商条約を結ぶ必要はないという結論を出して、あとは傍観していたのである。今度もどうせデマだろうと受け止めたのだ。

つまり、ペリーの来航は予想されていながらも、幕府はそれがいかに重大なことなのかを察知できず、かつ準備もしなかったのである。

ところが、その日は訪れた。

幕府の目前に現れたペリーの姿勢は予想以

浦賀沖で測量中のアメリカ軍船（『ペリー艦隊日本遠征記』より）

上に強硬だった。高位高官との面談を要求し、それが実現しなければ即時の武力攻撃も辞さないという構えを見せたのだ。

実際、ペリーは部下を江戸市街に入り込ませ、勝手に測量を開始している。

もちろん幕府はあわてたが、黒船の武力の前でできることはなかった。こうして幕府は条約を結び、開国へと動き始める。

かつての常識には、まったく予期せぬうちに黒船が急襲して日本を無理やり開国させたような印象があるが、そうではない。外国の武力の実態を見誤り、十分な備えをしなかった幕府には、開国以外に道は残されていなかったのである。

6章　幕末・近代日本の新常識

古い常識

江戸幕府はペリーとの交渉で慌てふためき完敗した

新常識

江戸幕府は黒船と理性的な交渉を行った

幕府はペリーに翻弄されたのか

かつて学校の歴史の授業では、江戸幕府は鎖国によって外国との交流を断っていたが、それを終わらせたのが、何の前触れもなく現れた黒船だった、と教えていた。

しかし、数々の研究によって、現在ではそれらが必ずしも史実ではないことが明らかになり、新しい視点から開国が見直されている。

そのひとつが、ペリーと幕府との交渉の過程である。

これまでは、ペリーは突如として出現し、武力をちらつかせて開国を迫ったと考えられていた。それに対して幕府はすっかり弱腰になり、相手のペースに巻き込まれてあっさり開国させ

ペリー側と幕府側の交渉の様子（ヴィルヘルム・ハイネ『日本遠征記』より）

られたというイメージがあったが、実際はずいぶん事情が異なっていたようだ。

ペリーにはあらかじめいくつかの作戦があった。

まず、日本に対して蒸気船を見せつけて**産業先進国としての軍事力をアピール**することである。だからこそペリーは、大型の帆船だけでなく蒸気船を含めた4隻も引き連れていたのである。

次に、**恫喝**といった強硬な姿勢を見せつつ交渉することである。事実、ペリーはこの方法で清国との交渉に成功していたので、日本にも同じ姿勢で臨もうとしたのだ。

さらに、既得権を持つオランダの邪魔が入ることを恐れて、長崎での交渉は避ける。

事前にこれらのことを決めて日本に乗り込んできたペリーは、完全に「勝算は我にあり」と信じていたに違いない。

そしてそのことが、「ペリーとの交渉であわてふためいた幕府は、あっけなく開国してしまった」という印象を残したのである。

しかし、じつはそれは誤りであり、実際には幕府は冷静にペリーと向き合い、将来を見据えたうえで交渉を行っていたと考えられるようになった。

その背景には、ひとりの優れた交渉人の存在がある。**林大学頭**《だいがくのかみ》だ。

林大学頭

林大学頭が譲らなかった最後の一線

林大学頭は本名を林復斎《ふくさい》といい、代々儒学者の名門だった林家に生まれた。秀才としてエリートコースを歩み、昌平坂学問所の塾頭をつとめていたが、その優れた頭脳と交渉術を見込まれ、老中・阿部正弘により**ペリーとの交渉役**に選ばれた。

『墨夷《ぼくい》応接録』という書物に、林大学頭とペリーとのやりとりについて詳しく記されている。

それによると、林は常識的なねぎらいの言葉で挨拶をしたが、それに対してペリーは「祝砲

老中・阿部正弘

を差し上げたい」と告げ、**50発以上の祝砲**を撃ったとされる。ペリーとしては大砲の音を聞かせて威圧感を与え、自分たちのペースに巻き込んでアメリカに有利に話を進めようという意図があったのだろう。

しかしこれに対して林はまったく動じることなく、あくまでも自分のペースで話を進めたといわれる。ペリーの目論見は、最初から揺らいでいたのである。

実際に交渉が始まると、いくつか出されたアメリカ側からの提案のうち、「日本に漂着した漂流民の保護」と「外国船への食糧および燃料の供給」について林は問題なく了承した。

しかし、ただひとつ、**アメリカとの交易についてはけっして首をたてに振らなかった**。幕府で禁じていることを承諾するわけにはいかず、ここは絶対に譲れないところだった。

だからほかの2点を受け入れて、そのままもっとも重要な交易の要求についても、すんなり認めてしまうという過ちを犯すわけにはいかなかったのだ。あくまで思慮深く、我慢強い姿勢を貫いた林の交渉術により幕府のペースで交渉が実現したのである。

幕府によるアメリカの接待の様子（『幕末、明治、大正回顧八十年史』より・国立国会図書館蔵）

日本の失点を回避した優れた交渉術

ペリーはもちろん、しつこく詰め寄ったが、林は動じることなく対応したといわれる。漂流民の保護や食糧の供給など、人命救助に関する部分には理解を示したが、それと交易とはまったく別の話であるという態度を貫き通したのだ。

そこでペリーは戦術を変えた。食糧や燃料の補給のために長崎以外の港を開港するように求めたのだ。ペリーとしては、交易に向けての突破口にしたい心づもりがあったのかもしれない。しかし林はこれも断固突っぱねた。

その後のアメリカ側の粘り強い交渉の結果、下田と函館が開港されはしたが、これは薪水を給与することが目的の開港である。そのことをはっきりさせるために、林は港で下船した外国人の行動範囲を七里以内と制限した。

つまり、なんとかゴリ押しをして日本に交易を承知させようとするペリーに対し、林はあくまでも巧妙な対応をして、**アメ**

リカ側の勢いに飲み込まれないように粘りに粘ったのである。

これまでは、ペリーの来航以降、幕府はアメリカ側のペースにはまり、相手の強引な出方に乗せられてやむをえず開港したという印象で語られてきた。

しかし、実際に交渉にあたった林大学頭の手腕により、あくまでも幕府のペースで話し合いが進み、日本には大きな失点はなかったというのが近年の新しい考え方になっている。

黒船来航の1年後にあたる1854（嘉永7）年3月、ついに交渉が実り**「日米和親条約」**が調印された。その際には懇親会のようなものが開かれるほど、両者の距離は近づいていたという。ペリーは「もしも日本が外国と戦争になれば、軍艦を差し向けて加勢をしよう」とまで告げたといわれる。

さらに後年、ペリーは自分の日記の中で林大学頭の冷静な交渉術と真摯な人間性に圧倒されたことを記している。

いかに2人の交渉が理性的に進められていたかが、うかがい知れるのである。

当時の瓦版のようなものに描かれた接待の様子。くだけた雰囲気が伝わってくる。（『武州横浜於応接所饗応之図』）

古い常識

勝海舟のおかげで江戸城は平和に開城された

新常識

江戸開城の本当の立役者は山岡鉄舟

江戸城を攻め落とす勢いだった新政府軍

江戸時代から明治時代への転換期において、けっして欠かすことのできない歴史的な大事件といえば、**江戸城の無血開城**である。

幕末の1868（慶応4）年の3月から4月にかけて、明治新政府軍と旧幕府（徳川宗家）との間で、新政府へ江戸城を明け渡すための交渉が行われた。

この一連の交渉の過程で、徳川家の本拠である江戸城の明け渡しであるにもかかわらず、何の抵抗もなく、したがって衝突も起こらず、流血事件などが一切起こらなかったことから、とくに「無血」という言葉が冠されることも多い。

明治初期に撮影された江戸城。1870（明治3）年の火災で消失した。

これにより、徳川家により日本が支配されていた時代が終わったわけだが、それだけではなく、無血開城であったからこそ、このあとの情勢が新政府軍有利に傾いていく大きな端緒となったという評価がされている。

ここであらためて、江戸城無血開城に至るまでの歴史の流れを見てみよう。

1867（慶応3）年に**大政奉還**が行われ、江戸幕府は消滅した。さらに新政府は、小御所会議において徳川家に対し「辞官納地（官位をやめて土地を返す）」を命じている。

ところが、これに対して徳川慶喜は薩長へと反旗を翻し、京都へおもむいて「鳥羽伏見の戦い」を起こした。

しかし、この戦いで慶喜は敗走して江戸城に逃げ帰る。新政府はその慶喜を完全につぶすために京都から進軍し、江戸城侵攻を決め、そのまま一気に徳川家をつぶすことを考えるのである。

当時の江戸はすでに**人口100万人を擁する世界的な大都市**で、産業や経済の重要な拠点でもあった。新政府の中には、そんな江戸を戦の舞台にするのはあまりにも危険だし、失うものも大きすぎるので絶対に避けるべきだという意見も多かった。

しかし、そんな意見があっても江戸総攻撃は3月16日と決まった。

「時代の立役者」だった西郷隆盛と勝海舟

すると、なんとかしてそのような状況を変えたいと考える人たちが動き出した。それが天璋院篤姫《てんしょういんあつひめ》と和宮《かずのみや》だった。

篤姫は13代将軍徳川家定、和宮は14代将軍家茂と結婚した女性で、夫の死後も徳川家に残っていた。2人は新政府に対して徳川家の存続を懇願したといわれる。

また、**勝海舟**が徳川家のために奔走したこともよく知られる。しかし、新政府はこれを突っぱねた。あくまでも徳川家を葬り去るという意志が固かったからだ。

そこで篤姫は、新政府軍の要人のひとりだった**西郷隆盛**に手紙を書いた。すると西郷は勝海

西郷と勝の会合を描いた絵画。この２人の会合は幕末の名シーンのひとつでもある。

舟と交渉を始め、その結果、江戸城は平和のうちに新政府の管理下に置かれて尾張藩が受理して管理することになった。

これにより江戸が戦の舞台となる事態は回避され、無血開城が実現し、西郷隆盛と勝海舟は江戸を救った歴史のヒーローとなるのである。

とくに勝海舟は、慶喜は切腹すべきであると強く主張した西郷隆盛に対して、あくまでも慶喜を守ろうとする穏健派だった。

駿府まで迫っていた新政府軍をなんとかして抑えこもうと考えた勝は、イギリス公使のハリー・パークスから新政府側へ圧力をかけるように取り計らった。

そしてさらに、謹慎中の慶喜を護衛していたある人物を西郷隆盛のもとへ差し向けて、慶喜の意図を伝えさせることにした。

江戸を救ったことに関しては、西郷よりも勝海舟のほうが大きな手柄があったとされるが、それはこのときの働きが評価されてのことなのである。

このとき、勝海舟によって派遣された人物こそが**山岡鉄舟**である。近年この山岡鉄舟が、無血開城で大きな役割を果たした人物として新たに脚光を浴び始めている。

山岡鉄舟という隠れたヒーロー

山岡鉄舟は、1868（慶応4）年3月、官軍を率いて江戸に向かう西郷隆盛を相手に駿府にて最初に交渉をした人物である。

鉄舟は貧しい旗本のひとりに過ぎなかったが、一切の損得勘定や利害関係を抜きにして物事と向き合う高潔な人物として知られていた。

金や名誉に拘泥せず、いざとなれば命も惜しまない鉄舟に、西郷も一目置いたといわれる。つまりは、その人間性に惹かれたのである。だからこそ西郷は、鉄舟と真摯に向き合ったのだ。

西郷は鉄舟に対して、以下の7か条を受け入れるなら江戸攻撃を中止すると提案した。

それは、①徳川慶喜の身柄を備前藩に預けること、②江戸城を明け渡すこと、③軍艦をすべて引き渡すこと、④武器をすべて引き渡すこと、⑤城内の家臣は向島に移って謹慎すること、⑥徳川慶喜の暴挙を補佐した人物を処罰すること、⑦暴発の徒がいれば官軍が鎮圧すること、という内容だった。

賢明な鉄舟はこれらを受け入れたが、しかしただ一点、慶喜を備前藩に預けることだけは拒絶した。備前藩は徳川家と近しい関係ではなく、謹慎場所としてふさわしくなかったからだ。そこで西郷は備前の代わりに水戸藩を提案して、鉄舟もようやくこれを受け入れた。

このとき西郷は、状況を正確かつめざに見極め、あくまでも慶喜の身を案じながらも西郷の要求も立てる巧みな交渉を行う鉄舟にただならぬものを感じ、**絶対の信頼を寄せた**といわれる。

山岡鉄舟

その結果、西郷は鉄舟に対して彰義隊の説得や脱走する幕臣への対応、不平士族への対応なども頼んだ。それほどまでに鉄舟を信頼したのである。

西郷隆盛と山岡鉄舟、江戸総攻撃を目前にしてこの2人の信頼関係の成立により、江戸城の無血開城は実現したのである。

古い常識

西郷どんの銅像は忠実に本人を模している

新常識

上野の西郷どんの銅像は本人とあまり似ていない

西郷の写真は一枚も残っていない

2018年の大河ドラマでも取り上げられた西郷隆盛は、幕末から明治維新に至る日本で活躍した志士として日本人に愛されてきた存在だ。教科書に掲載されている肖像画はりりしい太い眉に大きな目から、まさに薩摩隼人という印象を受ける。

しかし、この肖像は**本人の姿をもとにして描かれたものではない**のだ。

国立国会図書館に所蔵されているこの肖像画を描いたのはエドアルド・キヨッソーネというイタリア人銅版画家なのだが、描いたのは西郷の死後で、彼の弟である西郷従道《つぐみち》と、従兄である大山巖《いわお》の顔を上下半分ずつ組み合わせたのだという。

上野の「西郷どん」（右）は、キヨッソーネが描いた肖像画（左）をもとにつくられた。

なぜそんなことをしたのかといえば、**西郷が写真を撮られるのを極端に嫌った**からだ。一説には、明治天皇に所望されても撮られるのを拒んだほどで、顔写真は一枚も残っていない。

しかも、肖像画を描くことになったキヨッソーネは彼と面識がなかった。そのため、苦肉の策として**西郷の弟と従兄の顔を参考にした**というわけなのである。

弟と従兄であればまったく面影がないというわけでもないだろうが、上下バラバラにして組み合わせたものを西郷本人の肖像画とするのはいささか乱暴過ぎるだろう。

上野公園にある西郷の銅像は1898（明治31）年に建てられたものだが、作者の高村光雲はキヨッソーネの肖像画を参考にしている。

ということは、一般的に知られている西郷の

右は西郷従道、左が大山巌。この２人を参考にして前ページ掲載の西郷隆盛の肖像画は描かれた。

顔は本人とはそれほど似ていないと考えるのが自然だろう。

では西郷の姿についてまったく手掛かりがないのかというと、じつはそうでもない。「真の肖像画だ」とされる絵や写真がいくつも見つかっているのだ。

とはいっても、今となっては、どの絵が一番西郷に似ているかは誰も断言できない。そのため、現在の教科書や資料集の多くにはキヨッソーネによる西郷の肖像画は掲載されていない。彼の真の姿は謎のままなのだ。

西郷は韓国との平和的な交渉を求めていた？

また、西郷がとなえたとされる**「征韓論」**につい

西郷の肖像画。今となってはどれがより似ているか判断はできない。（右：服部英龍画／左：不明）

ても疑問を呈する向きがある。

歴史の教科書には「西郷隆盛・板垣退助らは征韓論をとなえたが、大久保利通らの強い反対にあって挫折、下野した」といった内容が記されている。だが、**西郷はむしろ平和的な交渉を求めていたとする説がある**のだ。

西郷は比較的近代の人物であるにも関わらず、その実像には謎が多い。豪放磊落な性格だ、いや意外と繊細でストレスをためやすかったなどと、その内面についてもさまざまな説がある。

維新の傑物と評された西郷は、明治政府と袂を分かち、西南戦争に敗れ、鹿児島の城山で自害して果てた。

ドラマチックな生涯と、語り継がれる好人物らしいエピソードから、「西郷どん」は、謎の多い部分を含めて、人々を魅了し続けているのである。

古い常識

四民平等という法のもと明治時代に人々は平等になった

新常識

「四民平等」という身分制度はなかった

もとは明治新政府のスローガンだった

明治時代になり、新しい考え方が次々と打ち出されて、世の中には大きな変革がもたらされた。そのうちのひとつが**「四民平等」**である。

「四民」とは、江戸時代までの「士農工商」に分けられた四つの身分のことをさす。しかし、当時士農工商という身分制度は存在しなかったことが今や定説となりつつある（162ページ参照）。

そのため、四民平等という言葉もまた、今では日本史の常識から消えようとしている。

そもそも、四民平等というのは公式の政策ではなく、あくまでも明治新政府の考え方を表現した**スローガン**に過ぎない。つまり、江戸時代のように四民を区別することなく、すべて平等

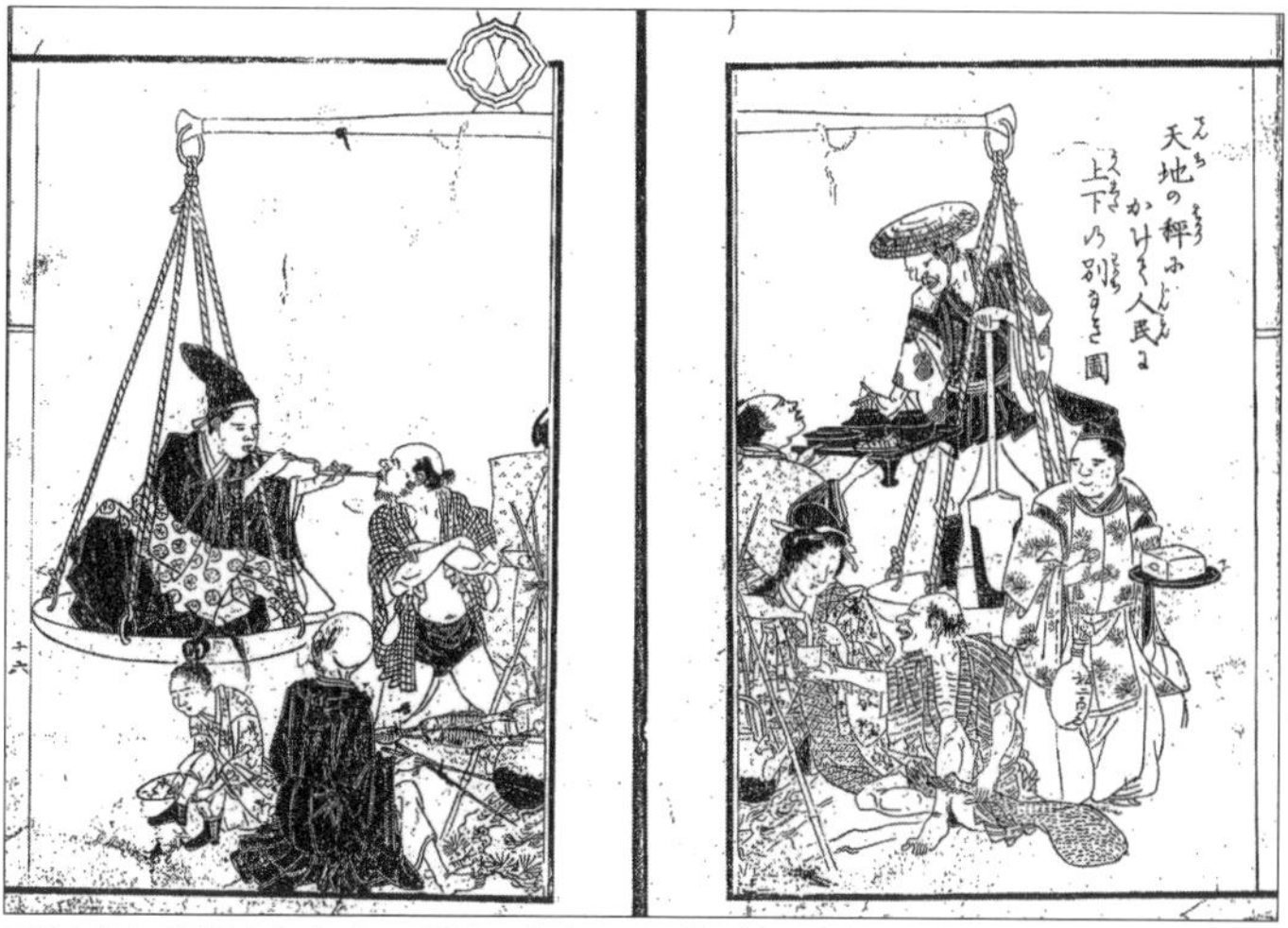

1874年に出版された本の挿絵。右上には「天地の秤にかけて人民に上下の別なき図」と書かれている。（『開化の本』より・国立国会図書館蔵）

に扱う、というくらいの意味なのである。

平等を実現するための数々の政策

もともと「四民」という言葉は、中国の古典である『管子』（紀元前６５０年頃）に登場するもので、「士農工商の四民は石民なり」と書かれている。「石民」とは「国の柱石となる大切な民」という意味である。

いいかえれば、士農工商という言葉は４つの職業を分類したのではなく、**「世の中のすべての職業にたずさわる人々」**というような、大きな意味を表しているのだ。

職業のランクとしてとらえられるようになったのは、あくまでも後世の解釈であり、**本来は**

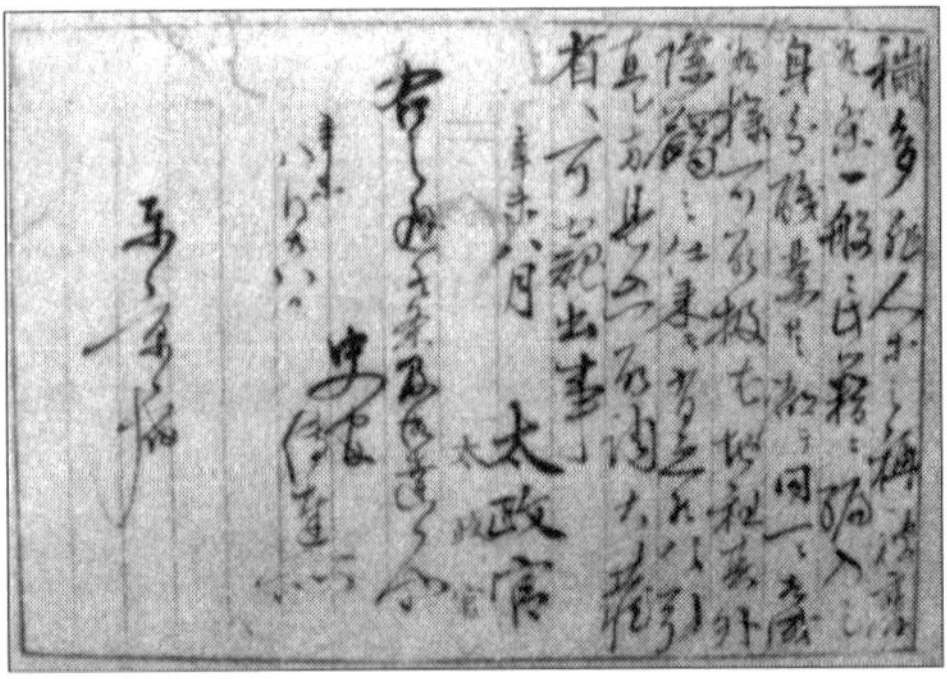

1871年に発布された解放令。「穢多非人ノ称被廃候条、一般平民ニ編入シ…」と書かれている。

「仕事を持ったすべての人々」という意味なのである。しかし、それではわかりにくいので、いっそのこと教科書から「士農工商」も「四民平等」も使わないという流れになりつつあるのだ。

では、明治政府は、身分制度についてどのように変えようとしていたのだろうか。

政府は四民平等をひとつのスローガンとして使い、さまざまな政策を実行している。

1870（明治3）年には**平民が苗字を持つことを許可**し、1871（明治4）年には平民と華族・士族との間での婚姻を認めた。

また、翌年には**職業選択の自由**や**住む場所を選ぶ自由**も認められた。さらに同年には学制が制定され、国民皆学が布告された。つまり、身分に関係なく誰でも教育が受けられるようになったのだ。

こういった政策を通して過去の封建的身分制度による差別をなくし、国民はすべて平等であるという精神を打ち出したのである。

人々の意識は変わらなかった

しかし、だからといって国民の意識が一挙に根底から変わったわけではなかった。

実際、華族（公卿・諸侯・旧藩主）、士族（平士以上の藩士）、平民（百姓・町人）といった族称はそのまま残っていた。言葉が残っていれば、階級意識も払拭されることなく残っているし、差別意識が完全になくなるとは考えにくい。

また、江戸時代に「士農工商」の下に置かれていた「えた・ひにん」という下層階級も、明治新政府のもとでは「被差別部落民」として残される。制度としては、「えた・ひにん」も「平民」だった。しかし、新たに「平民」となった人々は、かつての差別意識を払拭できず、彼らを「新平民」と呼んで差別し続けたのである。

つまり時代が変わり、身分制度も転換期を迎えたが、社会に残る差別意識はなかなか消えず、国民の間には「自分とは身分が異なる人々がいる」という意識が残ったのだ。

徳川家第16代当主・家達。江戸幕府が消滅しても公爵として国際会議などに出席した。

古い常識

太平洋戦争時日本の攻撃はアメリカ本土までは届かなかった

新常識

日本軍はアメリカ本土を攻撃していた

米本土に初空襲敢行
オレゴン州に焼夷弾
果敢・水上機で強行爆撃
全米國民に一大衝撃
海上に悠々潜水艦

アメリカ本土への攻撃を報道する朝日新聞（1942年9月17日）

「伊17」型潜水艦で製油所を砲撃

第2次世界大戦では、多くの国々が対戦国からの攻撃を受けて大きな被害を出した。しかし、そんな状況下にあって、アメリカだけは本土攻撃を受けていない唯一の国だと広く思われてきた。戦争に深く関わっていながら、無傷だった国というイメージが強い。

ところが、そんな長年の常識が近年改められようとしている。じつは、**アメリカ本土に攻撃を加えた国があった**のだ。それは、日本である。

では、日本はどのような方法でアメリカ本土攻撃をしたのだろうか。

まず、潜水艦隊による攻撃から始まった。1942（昭和17）年2月、日本海軍はアメリカ西海岸に展開中の潜水艦隊による**製油所への砲撃を実行したのだ。**

作戦にあたったのは、14センチ砲1門を搭載していた「伊17」型潜水艦で、標的はカリフォルニアのエルウッド製油所だったが、一部の設備に被害を与えたものの大きな被害を出すには至らなかった。

しかし、それまで前例のなかったアメリカ本土への攻撃が行われたことは、アメリカ側に少なからず衝撃を与えたことは間違いない。

さらに続いて数か月後には、「伊25」潜水艦により**オレゴン州フォート・スティーブンス陸軍基地への攻撃も実行された。**このときはそれなりの損害を与えている。

しかも、初めて米軍基地そのものが攻撃されたことで、ア

日本軍の攻撃を受けて炎上するアメリカ軍の基地（1942年6月）

メリカ国民がおおいに動揺したといわれる。

攻撃は、それだけでは終わらなかった。続いて航空機による本土攻撃も実行されたのである。同年9月9日、「伊25」潜水艦から発進した「零式小型水上偵察機」は、**オレゴン州の森林地帯に焼夷弾を投下**、続く29日も同様の攻撃をして**山火事を引き起こした**のだ。

潜水艦、航空機と、いずれの攻撃についても敵に与えた被害はけっして大きなものではなかった。しかし、日本がアメリカ本土にまで直接攻撃を加えたことにアメリカ国民は非常に驚き、その後、日本からの攻撃を意識した防衛体制や、その後の日本への攻撃プランにも影響を与えたといわれている。

また、市民レベルでは防空シェルターがつくられたり、灯火管制や避難訓練も行われるようになった。アメリカ国民の戦争への意識を変えたのは疑いの余地がないといっていいだろう。

アメリカ国民に不安を与えた風船爆弾

攻撃はまだ続けられた。日本軍は、1944（昭和19）年には「ふ号兵器」と呼ばれる新兵器を開発している。これは、いわゆる**「風船爆弾」**である。

和紙を張り合わせて気球をつくり、その中に水素ガスを充満させ、焼夷弾をつけて偏西風を利用してアメリカまで飛ばすというものだった。

風船爆弾といってもかなり精巧につくられており、長距離にわたって高度を保つために自動的におもりを落下させて調節する装置がつけられていた。

また、風船爆弾がアメリカの手に渡るのを防ぐために、焼夷弾を投下したあとに自爆するような仕組みになっていた。

およそ1万発が製造され、そのうちの約3パーセントが実際にアメリカ本土に到着したといわれる。市民の中に死傷者が出たとされるが、しかし壊滅的な被害を出すには至らなかった。

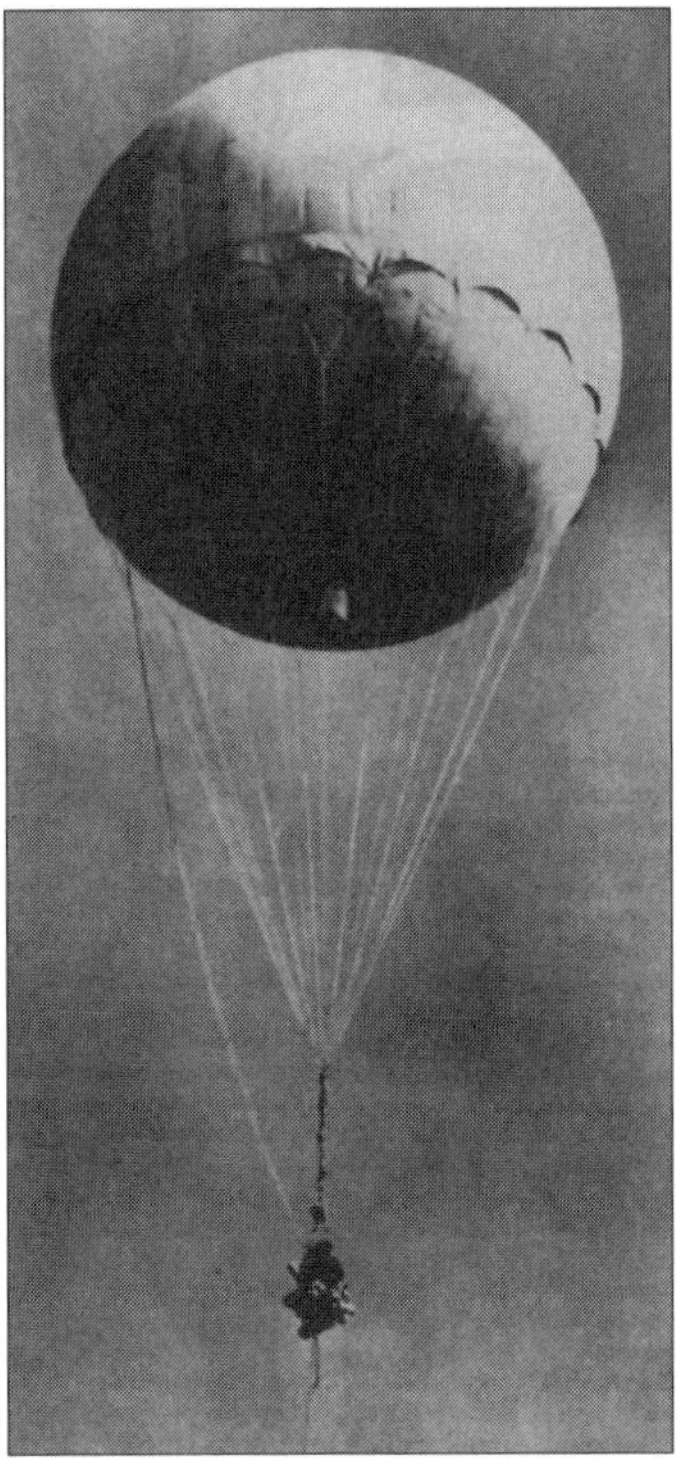
風船爆弾

ただし、これも潜水艦や航空機による攻撃と同じようにアメリカ側に大きな警戒心を抱かせることになった。

アメリカ本土を直接攻撃する国はないと思われていただけに、積極的に米本土への攻撃をしかける日本に対してけっして侮ることのできない敵国だという印象を植えつけることになったのである。

そういう意味では、日本がアメリカ本土を直接攻撃したことは、その被害の大小に関係なく戦争の行方そのものに少なからず影響を与えたのである。

いずれにしても、第2次世界大戦においてアメリカは本土攻撃されなかった、というかつての常識は今あらためられようとしているのだ。

〝英雄〟になった元日本軍パイロット

ちなみに、1944(昭和19)年に行われた航空機による攻撃については後日談がある。

1962(昭和37)年5月、オレゴン州ブルッキングスという街で開催される祭りに、ひとりの元日本軍パイロットが招待されたのである。

藤田信雄・元飛行兵曹長がその人で、じつは彼こそが1944年にオレゴン州上空まで飛行し、アメリカ本土に攻撃を加えた張本人だったのだ。

アメリカにしてみれば、本土に攻撃を加え、アメリカ国民に恐怖と警戒心を与えた人物である。本来ならば憎むべき人物だったが、そのとき招待された主旨はこうだった。

「アメリカは、開国以来一度も敵国からの直接攻撃を受けたことがない。しかし、藤田は厳重なレーダー網を破り、アメリカ上空に侵入して攻撃を加えることでこの記録を破った。それはまことに勇敢な行動であり、敵ながら天晴である」

自分の国を攻撃した敵国のパイロットを英雄として歓迎するところは、いかにもアメリカらしいおおらかな考え方だ。そして、これを機に日米の友好親善が図られている。

来日したアメリカの高校生に囲まれる藤田信雄氏（中央）（写真提供：朝日新聞社）

藤田はこれにいたく感動し、老いた後に貯金をしてブルッキングスの高校生たちを日本に招待したという。

そのときの歓迎会の席でアメリカ側が披露したのは、戦時中の藤田の行動を称えた当時のレーガン大統領からのメッセージだったのである。

古い常識

第2次世界大戦の終戦記念日は8月15日

新常識

第2次世界大戦の終戦日は8月15日とは限らない

日本の「戦後」はいつ始まった?

真夏の猛暑の中、天皇陛下のおごそかな玉音放送が流れる。力なくひざまずき、あるいは直立不動の姿勢でじっと聞いている人々の姿。それが日本人の誰もが抱いている1945(昭和20)年8月15日のイメージである。

現在、ほとんどの日本人は、第2次世界大戦は8月15日に終わった、そしてその日を境にして新しい日本が始まった、ととらえている。だからこそ、**8月15日は「終戦記念日」**として定着しているのだ。

第2次世界大戦には数多くの国々が参加したが、それらの国もまた同じように8月15日を終

8月15日に玉音放送を聞く人々（写真提供：共同通信社）

戦記念日と考えても無理はない。しかし実際には、**この日を第2次世界大戦が終わった日ととらえている国は日本だけ**なのだ。

国によって異なる「戦争が終わった日」

まずアメリカ、イギリス、フランス、カナダ、ロシアは、**9月2日を「対日戦勝記念日」としている**。9月2日は、日本が降伏文書に調印した日である。つまり、公的に日本が戦争に負けたことを認めた日で、それをもって太平洋戦争が終結した日だと認識されているのだ。

また、韓国では**8月15日を「光復節」としている**。これは、日本の植民地支配から解放された日という意味である。

さらに、**ドイツは5月8日を「解放の日」としている**。これはドイツが無条件降伏文書に調印した日である。

また、イタリアは**4月25日を「解放記念日」としており**、これはムッソリーニ政権が崩壊した日である。さらにロシアは5月9日をドイツに戦勝した日と定めている。

つまり、「いつ戦争が終わったのか」という定義は、国によって、あるいはその国が戦争にどのような形で関わり、どのようにして終結したかによってとらえ方がまったく異なるのだ。だから、「終戦の日」も国によってまちまちなのである。

あまりにも大きかった玉音放送の影響力

では、あらためて日本における終戦前後の推移について考えてみよう。

1945年の8月14日に、日本政府は「ポツダム宣言」の受諾を連合国各国に通達した。このことは早々と世界に報じられていたので、連合国側は14日のうちに日本の降伏を知っていた。

しかし翌15日になって初めて、昭和天皇による終戦の詔書が放送され（いわゆる**玉音放送**）、多くの日本人が日本が降伏したことを知るのである。

そして9月2日、東京湾内に停泊する米戦艦ミズーリの甲板で日本政府全権の重光葵らが、

降伏文書に調印する重光葵（1945年9月2日）

ポツダム宣言の降伏文書に調印した。つまり、アメリカなどの諸外国の多くが9月2日を対日戦勝記念日としたのは、戦争終結が文書として交わされた日だからである。

だから厳密にいえば、**「9月2日こそが、戦争が終了した日だ」ということもできる。**

しかし日本では、8月15日のほうを「終戦記念日」とした。それは、日本人にとって最高権力者であり、日本の戦争の遂行において大きな存在感のあった昭和天皇が、みずからの肉声によって国民に対して敗戦を伝えたことが日本人の心に大きく刻み込まれ、実質的にその日から「戦後」が始まったといえるからである。

8月15日はこれからも終戦記念日として継続していくとしても、その前後に起こった歴史的な出来事も知っておきたいものだ。

【参考文献】

『踏絵を踏んだキリシタン』安高啓明／吉川弘文館、『つくられた縄文時代――日本文化の原像を探る』山田康弘／新潮社、『巨大古墳の出現――仁徳朝の全盛』一瀬和夫／文英堂、『鎌倉新仏教の誕生――勧進・穢れ・破戒の中世』松尾剛次／講談社、『古代史研究の最前線　邪馬台国』洋泉社編集部編／洋泉社、『赤穂浪士の実像』谷口眞子／吉川弘文館、『忠臣蔵大全』藤田洋／KKロングセラーズ、『国宝神護寺三像とは何か』黒田日出男／角川グループパブリッシング、『詳説　日本史　改訂版　日本史B』／山川出版社、『日本史の新常識』文芸春秋編／文芸春秋、『大人が知らない！　最新　日本史の教科書』小和田哲男／宝島社、『あなたの歴史知識はもう古い！　変わる日本史』日本歴史楽会／宝島社、『日本史の論点』中公新書編集部編／中央公論新社、『逆転した日本史』河合敦／扶桑社、『日本仏教文化史入門』辻善之助／書肆心水、『もういちど読む山川日本近代史』鳥海靖／山川出版社、『新　もういちど読む山川日本史』五味文彦・鳥海靖／山川出版社、『謎で日本史がわかるQ＆A１００』歴史探検ワーキンググループ編／竹内書店新社、『NHK英雄たちの選択　江戸無血開城の深層』磯田道史・NHK「英雄たちの選択」制作班／日本放送出版協会、『陰謀の日本中世史』呉座勇一／KADOKAWA、『江戸時代を〈探検〉する』山本博文／文藝春秋、『平安京の都市生活と郊外』古橋信孝／吉川弘文館、『学び直す日本史〈中・近世編〉』日本博学倶楽部／PHP研究所、『いつの間に?!ココまで変わった学校の教科書』コンデックス情報研究所／成美堂出版、『平安京のニオイ』安田政彦／吉川弘文館、『大名行列の秘密』安藤優一郎／日本放送出版協会、『NHKさかのぼり日本史⑦戦国　富を制する者が天下を制す』小和田哲男／日本放送出版協会、『〈新〉弥生時代　五〇〇年早かった水田稲作』藤尾慎一郎／吉川弘文館、『NHKさかのぼり日本史⑧室町・鎌倉「武士の世」の幕開け』本郷和人／日本放送出版協会、『こんなに変わった！　小中高・教科書の新常識』現代教育調査班／青春出版社、『NHKさかのぼり日本史⑩奈良・飛鳥・「都」がつくる古代国家』仁藤敦史／NHK出版、『ここまで変わった日本史教科書』高橋秀樹・三谷芳幸・村瀬信一／吉川弘文館、『殴り合う貴族たち』繁田信一／柏書房、『こんなに変わった歴史教科書』山本博文／東京書籍、『教科書から消えた日本史　学校で習った「歴史」は間違いだらけ』河合敦／光文社／『江戸の御触書―生類憐みの令から人相書まで』楠木誠一郎／グラフ社、『国立歴史民俗博物館研究報告書　第178集』、『日経おとなのOFF　2019年5月号』日経BP社、読売新聞、ほか

【参考ホームページ】

style Nikkei, livedoor NEWS, PRESIDENT Online, iRONNA, All About, NHKオンライン、朝日新聞、大阪府立近つ飛鳥博物館、名古屋市、歴史人、東洋経済オンライン、文春オンライン、吉野ヶ里歴史公園、戦国武将列伝Ωほか

昔の教科書とはこれだけ変わった！

日本史の新常識

2020年3月19日第一刷

著　者　歴史ミステリー研究会

製　作　新井イッセー事務所

発行人　山田有司

発行所　〒170-0005
株式会社　彩図社
東京都豊島区南大塚3-24-4
MTビル
TEL：03-5985-8213　FAX：03-5985-8224

印刷所　シナノ印刷株式会社

URL　https://www.saiz.co.jp　https://twitter.com/saiz_sha

 ISBN978-4-8013-0435-2 C0021